Alfred

Ya está el listo que todo lo sabe

Una curiosidad para cada día del año

Con ilustraciones de **Marta Contreras**

© Alfred López 2014

Contacto
e-mail: yaestaellisto@gmail.com | info@alfredlopez.info
www.yaestaellisto.com | www.alfredlopez.info

Diseño de cubierta e ilustraciones: Marta Contreras
www.martacontreras.com
marta.contreras.agramunt@gmail.com
Edición, maquetación y diseño de interiores: Léeme Libros
Fotografía del autor en contraportada: Esther Sanchez | esthersanchez6@gmail.com

Impreso en España / Printed in Spain

Sexta edición: abril de 2017
ISBN: 9788415589143
Materia IBIC: GBC
Depósito Legal: M-3.858-2014

*A mis hijas Ana Belén y Judit,
a mi madre Francisca
y a mi novia Eva...*

*Los cuatro pilares fundamentales
que dan sentido a mi vida.*

Índice

Lo que algunos amigos opinan, en forma de prólogo................ 7

Cómo léer este libro..................................... 11

   01. **Enero**.. 13

   02. **Febrero**....................................... 33

   03. **Marzo**... 47

   04. **Abril**.. 65

   05. **Mayo**...83

   06. **Junio**... 101

   07. **Julio**.. 121

   08. **Agosto**....................................... 133

   09. **Septiembre**................................... 165

   10. **Octubre**...................................... 181

   11. **Noviembre**................................... 201

   12. **Diciembre**.................................... 219

Fuentes consultadas....................................... 239

Blog de notas... 245

Lo que algunos amigos opinan, en forma de prólogo

Esto no es un prólogo, más bien son las opiniones de un grupo de amigos y excelentes profesionales de la divulgación, el periodismo y la blogosfera que quisieron acompañarme en mi primera travesía editorial dejando unas letras en las que opinaban sobre mí y mi trabajo en el blog *Ya está el listo que todo lo sabe.*

Todos ellos contribuyeron con este atípico prólogo que dará paso a un libro lleno de curiosidades (concretamente 366, una para cada día del año, pues no nos hemos olvidado del 29 de febrero).

Estimado lector, espero que disfrutes con cada dato, anécdota e historias aquí recogidas y si logro este cometido te invito a seguir la estela de mi trabajo visitando mi blog.

Ahora te dejo con lo que algunos amigos opinan, en forma de 'prólogo' atípico…

Alfred López | @yelqtls |
www.yaestaellisto.com – www.alfredlopez.info

Descubrí *Ya está el listo que todo lo sabe.* alrededor del año 2006. Por aquel entonces yo trabajaba en el programa "El matí de Catalunya Ràdio" y, cada mañana, me encargaba de una sección en la que trataba de explicar alguna cosa interesante encontrada en Internet (RadioBlog). En medio del zafarrancho periodístico que se vive en un programa de radio matinal la verdad es que no era sencillo hallar diariamente una perla que despertara la curiosidad de los oyentes. Y no sabéis como me ayudó el descubrimiento del blog de Alfred. Recuerdo que siempre que la protagonista era alguna de sus entradas había una avalancha de mails y llamadas interesándose por la web y pidiendo más información. Estoy seguro de que este libro despertará el mismo interés en los lectores.

Víctor Correal | @VictorCorreal | www.victorcorreal.com

Conocí a Alfred sin saber que lo conocía. Buscando respuestas a algunas preguntas en Google siempre me aparecía su página. Sus respuestas eran siempre las más concisas y escritas para «gente que no lo sabe todo». Perfecto para mí. La vida me ha llevado a conocerle para regalarle un iPad y saber que es una bellísima persona con un talento enorme y con conocimiento del tamaño de su corazón. ¡Ya era hora de que saliera este libro!

Gina Tost | @GinaTost | www.ginatost.com

Cuando descubrí *Ya está el listo que todo lo sabe.* como a tanta gente me llamaron la atención muchas de las explicaciones y curiosidades que allí se contaban, naturalmente, pero me pareció especialmente notable lo apropiado de su título: es la típica frase simpática que todo el mundo ha soltado alguna vez cuando ha recibido una explicación como las que allí se pueden encontrar. Así de claro, informativo y entretenido resulta.

Álvaro Ibáñez | @Alvy | www.microsiervos.com

En el mundo de la comunicación, hay mucha gente lista que nos hace disfrutar día a día de sus conocimientos, pero este tipo, que se encuentra en la red y a partir de este momento en sus manos, es el que más veces nos ha hecho decir aquello de «ya está el listo que todo lo sabe». Un apasionante viaje a través de curiosidades varias de la mano de uno de los blogs con más prestigio en lengua castellana.

Carlos Urioste | @cxurioste | www.vooLive.net

En algún momento, Salvador Pániker dijo que la juventud de un ser humano no se mide por los años que tiene, sino por la curiosidad que almacena. Verdaderamente no puedo estar más de acuerdo con él. iguiendo esta máxima, la saludable labor del amigo Alfred López no solo le evitará el envejecimiento de forma indefinida, en tanto no se canse de compartir con nosotros su inagotable curiosidad; también nos premia a sus lectores con dosis del elixir de la juventud más poderoso que existe: la transferencia de una duda al cajón cerebral de las curiosidades satisfechas.

Miguel Artime | @Maikelnaiblog | naukas.com

Si eres asiduo de google, curioso del anecdotario tradicional e investigador del *chascarrillo internetero* es muy probable que, durante tus travesías a la deriva de la información, te hayas tropezado alguna vez con algún texto de Alfred; infatigable cazador de interrogantes. ¿Quién inventó el carrito de la compra? ¿Se quedan vacías las conchas cuando los caracoles están al aire libre? ¿Por qué las cortinas de la ducha se pegan al cuerpo?... Un compendio de curiosidades, sabidurías en pequeñas cápsulas que vitaminan el conocimiento popular, dando raíces veraces a todas aquéllas dudas que creíamos al lado de la leyenda. Ahora, tras un largo embarazo, llega un parto en forma de libro recopilando la respuesta a todas esas pequeñas inquietudes lanzadas en su celebérrimo blog. Sirva el *vademecum de conocimiento popular* para hacer fraguar ese montón de dudas inusitadas que nos hacen entender mejor la forma en que vivimos.

Pepo Jiménez | @Kurioso | http://kurioso.es

Para los que somos curiosos, Internet es el mejor invento de nuestras vidas. Enciclopedias, buscadores... y páginas como *Ya está el listo que todo lo sabe,* una web que sólo tiene un fallo: En realidad, debería llamarse *Ya está el listo que todo lo quiere saber.* Querer saber. Aprender. Conocer. Las palabras claves que hacen progresar al ser humano. Este libro es un buen comienzo.

Eduardo Casado | @educasado | blogs.20minutos.es/quefuede

¿Ya está el listo que todo lo sabe? Gran pregunta, haría falta mucha tinta para poder decir todo lo que pienso. De su autor definirlo como un curioso, creativo, melómano como pocos y perfeccionista con su trabajo. Un amante de las artes como difícilmente podemos imaginar en este mundo Web2.0 del corta, pega y colorea. Y así lo demuestra cada día en su blog

Miguel Parada | @miguelparada | srparada.com

El blog de Alfred *(Ya está el listo que todo lo sabe)* tiene el noble y loable objetivo de divulgar la cultura en todas su vertientes. Pero el papel de este blog ha sido especialmente relevante en la difusión de la cultura científica, de la que tanto adolece nuestro país, y que es la causa primordial del enorme descenso de estudiantes de ciencias, tanto en el bachillerato, como en la Universidad, que está teniendo lugar en nuestro país, desde hace más de una década, y que de no cambiar tendrá consecuencias muy negativas, ya que no contaremos con los científicos e investigadores necesarios para el adecuado desarrollo tecnológico de nuestro país, que permitirá tener una independencia tecnológica y un mayor grado de bienestar social. Alfred ha encauzado perfectamente la labor de divulgación científica y ha contribuido a que muchas personas se interesen por la ciencia, como cultura popular, y, sobre todo, que comiencen a comprobar lo útil que resultan los conocimientos científicos para nuestra vida cotidiana, así como lo divertido y placentero que puede resultar su aprendizaje. También ha permitido que muchos de los lectores de su blog empiecen cuestionarse el porqué de los fenómenos científicos que tienen lugar en nuestra vida diaria, que es como realmente ha evolucionado la ciencia a lo largo de la historia. En resumen, el papel de Alfred ha sido muy positivo en la difícil tarea de la divulgación científica.

Cayetano Gutiérrez Pérez | @disfrutalacienc | www.disfrutalaciencia.es

¿Cómo leer este libro?

Para tu comodidad como lector, las 366 curiosidades contenidas en este libro han sido organizadas en meses. Así, no tendrás excusa para leerte un libro este año, porque te llevará pocos minutos leer cada uno de los textos. ¿Significa esto que las curiosidades siguen algún tipo de orden? En realidad hemos intentado que las efemérides estén en su día justo (hay alguna descolocada para comprobar si estás despierto mientras lo lees), pero puedes leerlo de principio a fin como cualquier otro volumen, buscar la efeméride de tu aniversario, contarle a un amigo la curiosidad del día de su cumpleaños o simplemente saltar de tema en tema como más te plazca. Además, por si te surge alguna duda o idea mientras lees este libro, hemos dispuesto al final de este ejemplar de unas cuantas páginas donde, a modo de blog de notas, podrás escribir todo aquello que se te ocurra.

01. Enero

01. ¿Por qué se dice «ir en fila india»?

La expresión proviene de la época en la que los indígenas poblaban gran parte de los territorios aún sin colonizar. Cuando estos se trasladaban a pie de un lugar a otro, lo hacían avanzando uno detrás de otro debido a que en la gran mayoría de lugares aún no existían los caminos o senderos y muchas veces se abrían por el paso de aquellos exploradores.

Otro de los motivos por el que marchaban así era por estrategia y defensa… El primero abría paso y todos los siguientes iban pisando sobre las mismas huellas que había dejado el cabeza de la fila. El último miembro iba borrando las huellas para no dejar rastro alguno.

Cuando un grupo tanto familiar como étnico se trasladaba caminando a otro lugar, se colocaba en fila con una distribución jerárquica, siendo el varón de mayor importancia o experiencia el que iniciaba la marcha poniéndose al frente de la comitiva.

De ahí viene que el ir de un sitio a otro manteniendo un orden y uno detrás de otro se llame «ir en fila india».

02. ¿Es correcta la expresión «darles margaritas a los cerdos»?

La expresión «darles margaritas a los cerdos» tiene su origen en una cita bíblica (Mateo, 7:6) y se utilizaba para explicar cómo se pueden desperdiciar cosas buenas en personas que no lo merecen.

En realidad, hubo un error de traducción del latín al castellano, ya que la palabra original no es *margarita* sino *margaron,* cuya traducción literal es *perla.* Es en ese error donde se origina el uso en español de dicha expresión y de ahí que se popularizase como «darles margaritas a los cerdos», en lugar de la más acertada «darles perlas a los cerdos», mucho más ajustada al significado original, pues, desde luego, es un mayor desperdicio.

La expresión se popularizó de tal forma que muchas fueron las personas que utilizaban el término *margarita* para referirse a las perlas, algo que hizo que con los años la propia RAE acabase admitiendo ambas palabras como sinónimas.

03. La curiosa muerte de Fernando el Católico

Tras enviudar de Isabel *la Católica* en 1504, Fernando de Aragón quedó al cargo del reino de Castilla debido a la demencia que sufría su hija, la reina Juana (que pasaría a la historia como Juana *la Loca*), y la muerte de su primogénito y heredero natural al trono, el príncipe Juan.

Fernando *el Católico*, obsesionado con poder tener un descendiente que asumiese el trono de Castilla y de Aragón, se casó con Germana de Foix, una mujer 36 años más joven que él. El matrimonio se encontró con un problema inesperado para asegurar un heredero: la impotencia sexual del rey Fernando provocada por su edad.

Tras diez años de matrimonio, mandó que se le suministrara un potente afrodisíaco, cuya receta contenía testículos de toro. La ingesta le sentó tan mal que falleció a causa de una intoxicación provocada por el propio afrodisíaco.

04. ¿De dónde surge llamar *luna de miel* al viaje que realizan los recién casados?

La celebración de una boda está llena de ritos y costumbres provenientes de diferentes culturas y épocas que se han ido entremezclando con el tiempo, llegando muchas hasta nuestros días y realizándose (al menos en la mayoría de ocasiones) cada vez que dos personas deciden contraer matrimonio.

Desde lanzar el ramo, tirar arroz a los contrayentes, vestir la novia de blanco o el hecho de que ésta cruce el umbral de su casa en brazos del esposo, son algunas de las muchas y diversas costumbres arraigadas en cualquier celebración de boda, una de ellas es el viaje que realizan los recién casados que es conocido como *luna de miel*.

Pero, en sus orígenes, el término luna de miel no se refería a ningún viaje realizado por los contrayentes sino al periodo de un mes lunar que transcurría desde el momento en que se contraía matrimonio y el cual se suponía que era el más dulce.

Dos eran los motivos por lo que se originó. Por una parte existía la antiquísima costumbre de muchos pueblos en los que a los recién casados se les daba una vasija conteniendo hidromiel, una bebida fermentada hecha a base de agua y miel y que según se creía servía para coger energía durante el primer periodo de casados en los que debían engendrar el primer hijo varón. También nos encontramos con el proverbio árabe que decía «La primera luna después del matrimonio es de miel, y las que le siguen, de absinto, o amargas, como el acíbar». Por ello debemos tener en cuenta que la primera luna a la que alude el proverbio es un mes lunar (28 días) en base al calendario árabe.

También cabe destacar que el conocido como viaje de novios que realiza la pareja tras contraer matrimonio (en su periodo de luna de miel) no comenzó a popularizarse hasta mediados del siglo XIX, en el que se puso de moda en la sociedad burguesa británica el hacer un viaje con motivo (en la mayoría de ocasiones) de visitar a aquellos parientes que no habían podido acudir al enlace. Hasta entonces solo era costumbre que realizaran ese viaje los contrayentes pertenecientes a las casas reales, aristocracia y clases más pudientes.

05. El origen de estampar las manos en Hollywood

Hoy en día es típico que las estrellas cinematográficas estampen sus huellas en la acera de las calles de Hollywood. Incluso, actualmente, ya lo hacen hasta algunas figuras del deporte.

Esta costumbre se inició en 1927 de una manera casual, ya que fue debido a un accidente de la actriz de cine mudo Norma Talmadge, quien, tras tropezarse, cayó sobre el cemento fresco que había frente al Teatro Chino Grauman, de la ciudad de Los Ángeles.

El avispado Sid Grauman, uno de los propietarios del local, vio la rentabilidad a ese tropiezo y lo convirtió en todo un símbolo de la ciudad.

Para inaugurar la colección de manos estampadas, el señor Grauman contó con la actriz y actor de moda en aquel momento: Mary Pickford y Douglas Fairbanks quienes dejaron estampadas sus huellas el 30 de abril de 1927. Tres semanas después, el 18 de mayo, lo haría, esta vez ya oficialmente y con presencia de la prensa, Norma Talmadge.

06. ¿De dónde viene la palabra «tontolaba»?

Es costumbre en muchos hogares que el día de Reyes se come un dulce y rico roscón en el que se esconden una figurita y un haba. Aquel que encontraba en su ración la figura era coronado como rey de la fiesta, mientras que al que le tocaba el haba debía pagar el roscón (o al menos eso marcaba la tradición) y todos los presentes le decían al unísono «Tonto del haba, tonto del haba». Con el transcurrir del tiempo, ese «tonto del haba» perdió varias letras por el camino, pasando a ser «Tontolaba».

07. ¿Cuál fue el primer listín telefónico?

Hoy en día, debido a la incursión de las nuevas tecnologías, el listín telefónico está en desuso en la mayoría de los sitios, pero hubo un tiempo en el que todos los hogares tenían varios listines: páginas blancas para la búsqueda por apellidos, páginas azules para la búsqueda por dirección y páginas amarillas para la búsqueda de empresas y negocios.

El primer listín de la historia se puso en circulación en New Haven (Connecticut) en 1878. Tan sólo disponía de una cincuentena de nombres, pero no figuraba el número de teléfono, ya que, para poder llamar por aquel entonces, había primero que contactar con la operadora, que era la que transfería la llamada. El listín, por tanto, únicamente servía para informar de qué personas de la población tenían aparato de teléfono.

08. «Manos frías, corazón caliente»

Aunque muchos se empeñen en utilizarlo como un termómetro que mide la intensidad del amor que siente una persona por otra, la verdad es que nada tiene que ver el dicho «manos frías, corazón caliente» (ni su variante, «manos frías, corazón ardiente») con los asuntos sentimentales.

La respuesta al origen del porqué de relacionar la temperatura de manos y corazón está estrechamente relacionada con otra de las entradas de este libro [¿Por qué nos ponemos a tiritar cuando tenemos frío?]. Nuestro organismo es homeotermo y, por lo tanto, se va autorregulando para que los órganos vitales de nuestro interior se mantengan a una temperatura constante alrededor de los 37 °C.

Cuando hace frío exterior y la sangre que circula por nuestras venas lo nota, comienza un proceso que se conoce como vasoconstricción (contraer los vasos sanguíneos, o sea, las venas) que provoca que llegue menos sangre a nuestras extremidades (pies y manos), que son las primeras partes del cuerpo que se nos enfrían cuando bajan las temperaturas.

Gracias a que las manos estén frías, nuestro órgano más vital (el corazón) se puede mantener caliente, todo un fantástico proceso fisiológico que no se sabe cómo se trasladó al campo sentimental.

09. «Se te caliente la boca»

Cuando una persona habla más de la cuenta, discute y su enfado va cada vez a más o suelta muchos insultos seguidos, son ocasiones en las que se utiliza la expresión «se le ha calentado la boca» para referirse a ello.

El origen del dicho lo encontramos en el mundo ecuestre. Cuando un caballo padece deshidratación se le calienta la boca y esto provoca que las riendas que sirven para dar las instrucciones, llamadas *bocado* (porque van colocadas justamente en la boca), se le desajusten y provoque que no haga caso a las órdenes que se le da, acabando desbocado y por lo tanto el jinete pierde todo control sobre el equino.

De ahí que cuando a alguien se le «calienta demasiado la boca» acabe perdiendo el control de lo que dice.

10. El origen de la aspirina

El inventor de la famosa aspirina fue el investigador de origen alemán Félix Hoffman. El principio que la compone es el ácido acetilsalicílico y Hoffman fue el primer químico en sintetizarlo con gran pureza de la sustancia natural que se halla en la corteza del sauce blanco, mientras investigaba algún remedio para combatir la artritis reumatoide que padecía su padre. Aspirina fue el nombre comercial que los laboratorios Bayer dieron al descubrimiento de Hoffman.

11. El origen de la palabra «testificar»

El origen de la palabra *testificar* es ciertamente confuso, ya que hay varias versiones y en ninguna de las diferentes fuentes se ponen de acuerdo. Por un lado (y parece la más fiable) está la que dice que la palabra proviene de *testigo* y ésta a su vez viene del antiguo vocablo íbero *testiguar,* derivado a su vez del latín *testificare*. *Testificare* está compuesto de *testis* (testigo) y *facere* (hacer).

No se sabe por qué el íbero no tomó *testigo* directamente de *testis*. Como curiosidad, *testículo* viene de *testiculus,* compuesto de *testis* (testigo) y el sufijo *culus,* que es usado como diminutivo. Así que los testículos son los *pequeños testigos*.

Hablando de estos pequeños testigos, otra versión del origen de testificar nos dice que su procedencia corresponde a que, a falta de Biblia, los romanos juraban decir la verdad apretándose los testículos con la mano derecha, comprometiendo tan sensible parte si mentían, y que de esta costumbre romana procede la palabra testificar.

Y para rizar más el rizo, una tercera vía de investigación indica que después de cada cónclave, cuando ya se había elegido el cardenal que sería investido como Papa, antes de que éste fuese nombrado definitivamente, era sometido a una prueba, realizada por otro cardenal, que había pertenecido también al cónclave, y que era nombrado para tal misión. Esta prueba consistía en que éste último debía tocar los genitales al futuro Papa con la mano para asegurarse y testificar luego a los demás que éste era masculino. Esto se hacía para evitar un posible fraude de elección de una mujer, que se haría pasar por hombre.

12. ¿Quién pela las pipas que ya vienen peladas?

Seguro que alguna vez te has preguntado cómo se obtienen las pipas peladas, descascarillándolas sin romperlas. Algunas leyendas urbanas hablan de un grupo de entrañables y desdentadas ancianitas que, sentadas en corro, van churrupeteando las pipas hasta que la cáscaras de estas se ponen blandas y de una manera algo fuera de lo normal lo escupen hacia el centro del corro yendo a parar a un cubo las pipas y a otro las cáscaras.

Evidentemente, esta forma tan peculiar de pelar las pipas industrialmente no es cierta. La explicación del proceso es otra, incluso mucho más sencilla de lo que pueda parecer. En primer lugar se tuestan las pipas. A continuación se introducen en una maquina centrifugadora parecida a una lavadora y se aumenta la presión del aire dentro de esta *lavadora* mientras gira. La alta presión del aire consigue destruir la cáscara, ayudada por el movimiento y los golpes que reciben las semillas. Una vez partidas todas las cáscaras, se pasan junto con las semillas por una serie de tamices hasta conseguir separarlas perfectamente. Finalmente, las pipas se envasan en bolsas o latitas.

(12+1). ¿Qué es la triscaidecafobia?

Para algunos es un simple hecho de superstición, pero para otros la triscaidecafobia es un miedo irracional que se siente hacia todo lo relacionado con el número 13.

El miedo a este número se ha instalado de manera natural entre muchos actos cotidianos de la sociedad, lo cual ha hecho que se cambie la numeración en edificios, anulando ese piso y pasando de la planta 12 a la 14, no existir la habitación en muchos hoteles y hospitales o prescindir de esa fila en un medio de transporte como el avión.

14. El origen de las notas musicales

Guido D'Arezzo (995-1050), monje benedictino considerado el padre de la música, fue quien dio nombre a las notas musicales, inspiradas en las sílabas iniciales de unos versos dedicados a San Juan Bautista, «Ut queant laxis», atribuidos a Pablo *el Diácono*.

«Ut *queant laxis*	[«Para que tus siervos
Re *sonare fibris*	puedan exaltar
Mira *gestorum*	a pleno pulmón

Fa*muli torum*	las maravillas de tus milagros,
Sol*ve polluti*	perdona la falta de
La*bii reatum*	labios impuros,
Sancte Iohannes».	San Juan»].

D'Arezzo denominó a este sistema de entonación *solmización,* que más tarde sería denominado solfeo, y fue el primero que elaboró una aproximación a la notación actual, al asignar los nombres a las seis primeras notas y al utilizar la notación dentro de un patrón de cuatro líneas (tetragrama), y no una sola como se venía haciendo anteriormente. D'Arezzo utilizaba este sistema para la enseñanza de la música y pronto adquirió gran popularidad. Su sencillez hizo que el mismísimo Papa ordenase su introducción inmediata en las escuelas eclesiásticas de música.

Inicialmente, la nota *do* se llamó *ut* (hoy en día sólo se utiliza en francés y en partituras de canto gregoriano), hasta que en el siglo XVIII se cambió el nombre de *ut* por *do* (por *Dominus* o Señor, aunque algunas fuentes apuntan que fue por el cantante italiano Giovanni Battista Doni). La razón principal para este cambio fue que la utilización de una sílaba acabada en vocal favorecía que pudiese cantarse mejor (de hecho, en francés cuando se canta la escala en voz alta, *ut* se lee como *do).*

D'Arezzo no quiso dar nombre a la séptima nota, siguiendo la tradición que consideraba el *si* como un tono diabólico (era denominado *diabolus in musica).* Sería hacia el siglo XVI cuando se añadió la nota musical *si,* derivado de las primeras letras de San Juan *[Sancte Ioannes].*

También en este proceso se añadió una quinta línea a las cuatro que se utilizaban para escribir música, llegando a la forma en que hoy la conocemos, llamada pentagrama. Después de las reformas y modificaciones llevadas a cabo en el siglo XVI, las notas pasaron a ser las que se conocen actualmente: do, re, mi, fa, sol, la y si.

15. Ramón y Cajal, un Premio Nobel cachas

Las múltiples fotografías de un Ramón y Cajal ya adulto nos lo muestran como un hombre delgado, algo enclenque y encorvado, debido a largas horas de investigación observando la naturaleza a través de las lentes de un microscopio.

Sin embargo, el ganador del Premio Nobel de Medicina en 1906 había pasado parte de su juventud rodeado de peleas y apuestas con sus camaradas de juergas. En cierta ocasión, siendo aún un estudiante, perdió al echar un pulso con un amigo. Esto le dolió en el orgullo y decidió acudir a entrenarse a un gimnasio. Llegó al acuerdo de enseñar clases de anatomía al propietario a cambio de entrenamiento físico.

Sus progresos en el gimnasio, sumados a la fuerte afición que le cogió al culturismo fue tal, que llegó a describirse a sí mismo como: «ancho de espaldas, con pectorales monstruosos, mi circunferencia torácica excedía de los 112 centímetros, y al andar mostraba esa inelegancia y contoneo rítmico característico de los forzudos o Hércules de feria».

16. ¿Cuál es el animal más venenoso del planeta?

La *chironex fleckeri* está considerado como el animal más venenoso del planeta. Se trata de una medusa, conocida también como la avispa de mar o medusa de caja, que se encuentra en las aguas costeras del norte de Australia. A diferencia de las medusas comunes, que en su mayoría son ciegas, esta avispa de mar tiene 24 ojos y puede nadar a impulsos de 1,5 metros por segundo, lo que le proporciona visión y velocidad para atrapar peces.

Una picadura de la *chironex fleckeri* puede provocar la muerte en cuestión de minutos. Aquellos que han sufrido una de sus picaduras y han sobrevivido, llevan de por vida su marca en forma de vistosa erupción cutánea.

17. *«Més que un club»*

La famosa frase que explica que el Barça es más que un club y que se ha convertido en mucho más que un eslogan, se pronunció por primera vez el 17 de enero de 1968.

Fue Narcís de Carreras, durante el acto de toma de posesión, en el discurso que ofreció tras ser elegido nuevo presidente de la entidad, quien pronunció las siguientes palabras: «Vengo con todo aquel entusiasmo que vosotros podéis pedir porque el Barça es algo más que un club de fútbol, el Barça es más que un lugar de esparcimiento donde los domingos vemos jugar a un equipo, más que todas las cosas es un espíritu que llevamos muy arraigado, son unos colores que estimamos por encima de todo».

El auge de la frase llegaría a partir de 1973, cuando Agustí Montal (sucesor de Narcís de Carreras en 1969) la utilizó como lema de su campaña electoral para la reelección: «El Barça es quelcom més que un club de futbol» [El Barça es algo más que un club de fútbol].

18. ¿Cuál fue el origen de la tuna?

La tuna se podría considerar como una de las instituciones universitarias más antiguas de la historia. Sus inicios se vinculan a los de las Universidades de Palencia (1208) y Salamanca (1220).

Los originarios tunos eran estudiantes universitarios que provenían de las clases más humildes y eran conocidos como *sopistas,* ya que hacían rondallas y serenatas para amenizar a los presentes a cambio de un plato de sopa.

Según fue evolucionando la universidad lo fueron haciendo los sopistas, integrándose con el tiempo todo tipo de persona de cualquier condición económica.

El término tuna viene de la palabra tunante, que era la forma de llamar a aquellos que llevaban una vida trasnochadora y alegre. De hecho, en el Diccionario de la RAE nos trae la descripción de tunante como «pícaro, bribón y taimado» y nos referencia a la palabra *tunar,* que la describe como «andar vagando en vida libre».

Todas las universidades tienen su tuna y en ellas se puede encontrar una serie de personajes de lo más pintorescos. Muchos de ellos son repetidores de cursos y otros muchos personajes que ya hace muchos años dejaron de acudir a la facultad pero que han convertido su pertenencia a la tuna como un modo de vida y sustento.

Podemos encontrarlos en cualquier tipo de celebración, cantando por las calles y terrazas de lugares turísticos, en bodas, despedidas de solteras y en mil y un saraos.

Estos peculiares personajes, con el paso del tiempo, se han ganado la simpatía de la mayoría de personas y sus canciones pegadizas hacen de cualquier evento en el que se encuentren una celebración divertida.

19. ¿Por qué comemos palomitas de maíz en el cine?

Durante la época de la Gran Depresión en Estados Unidos (entre 1929 y 1933), muchos norteamericanos fueron al paro debido a la grave crisis que atravesaba el país. En aquellos momentos, el mayor medio de distracción era ir al cine, ya que se encontraba en pleno auge.

El acudir a una sala de cine era algo asequible para cualquier bolsillo. El origen de comer palomitas de maíz en el cine empezó en Kansas City, donde la emprendedora Julia Braden ideó un método para tener contento al público asistente a las salas (al mismo tiempo que ella ganaba unos buenos dólares). Pidió permiso para colocar un puesto de venta de golosinas en el hall de la sala de cine Linwood Theater y así poder vender cucuruchos de palomitas de maiz, un producto barato y apetitoso, que se hacía al instante y que además dejaba un extraordinario margen de beneficio (aproximadamente del 2.500%).

La práctica empezó a ponerse de moda en los cines y así ha llegado hasta nuestros días. La única diferencia es que, actualmente, en muchas ocasiones nos gastamos más dinero en las palomitas, bebidas y chucherías que en la propia entrada a la sala.

20. Ni chicha, ni limoná

Cuando queremos referirnos que algo no es una cosa ni otra, un alimento no tiene sabor o algo ni nos ha gustado ni disgustado solemos utilizar la expresión «ni chicha, ni limoná».

El origen de esta expresión proviene de dos tipos de bebidas, una alcohólica (chicha) y la otra refrescante (limoná).

La chicha es una bebida fermentada y no destilada que proviene del maíz y es muy típica de Centro América, aunque también se consume en el sur del continente. Es de origen prehispánico y de fuerte sabor. Por el contrario, la limoná es una bebida suave, muy típica de Castilla y que está hecha a base de limón, azúcar y vino blanco.

El dicho comenzó a utilizarse para comparar las dos bebidas con una tercera (no es ni fuerte como la chicha ni suave como la limoná), aunque algunas fuentes aseguran que era para indicar a alguien que ya no quedaba más bebida para servir: ni chicha, ni limoná.

21. ¿Por qué la Guardia Suiza es la encargada de la seguridad del Vaticano?

Los pontífices y el Vaticano han estado a lo largo de la historia muy mezclados con guerras de poder y ambición. En el siglo XV el Papa Sixto IV tenía grandes enemigos, debido a su nepotismo lo que lo llevó a alcanzar un acuerdo con la Confederación Suiza para contratar mercenarios a sueldo que trabajarían como miembros de su seguridad.

Fue bajo el pontificado del Papa Julio II el 21 de enero de 1506 cuando se instauró oficialmente a la Guardia Suiza como cuerpo militar encargado de la seguridad de la Ciudad del Vaticano. Para el diseño de su característico uniforme se contó con el artista Miguel Ángel Buonarroti.

Para ser miembro de la Guardia Suiza hay que cumplir unos requisitos específicos, como estar soltero, tener nacionalidad suiza, profesar la religión católica y medir un mínimo de 174 centímetros.

22. ¿Cuál es el origen de las cabinas telefónicas?

El teléfono móvil ha hecho que apenas queden cabinas telefónicas, pero su extensa presencia no hace tantos años se debe a una urgencia médica que tuvo la esposa de William Gray. El pobre Gray necesitaba contactar con un doctor, pero no estaba abonado al servicio telefónico y carecía de aparato en su hogar.

Así, tuvo que acudir a varios establecimientos y almacenes para que le dejasen efectuar una llamada, pero las continuas negativas con las que se encontró para poder realizar dicha llamada telefónica, le hicieron trabajar en la idea de crear un teléfono público. Al principio aplicó su idea construyendo oficinas con un teléfono y un operador, pero aquel método no funcionó, porque los gastos superaban los ingresos.

Tras varias pruebas, en 1889 el primer teléfono público del mundo se instaló en un banco de Hartford (Connecticut). El resultado fue tan satisfactorio que se empezaron a instalar, ya no sólo en establecimientos públicos, sino en las principales calles de las poblaciones. Gray fundó una compañía y en tres años había instalado más de 80.000 aparatos.

23. ¿Cuál es el origen de las listas de boda?

La persona que inventó lo que hoy conocemos como *lista de boda* fue la multimillonaria Barbara Hutton, quien se casó en siete ocasiones (la tercera vez con el actor Cary Grant) y que fue considerada en los años 30 como «la mujer más rica del mundo». En una de sus bodas recibió hasta 11 cafeteras idénticas como regalo de boda (de diferentes invitados, evidentemente).

Fue entonces cuando ideó la formula que permitiese a los novios indicar qué regalos les gustaría recibir de una lista de boda y así evitar recibir alguno repetido.

Por cierto, Barbara Hutton, a pesar de la inmensa fortuna que poseía, fue bautizada por la prensa amarilla de la época como *pobre niña rica,* debido a sus múltiples fracasos sentimentales y su desastrosa vida personal.

24. «Marchando un bombón helado»

Christian K. Nelson, combinaba su empleo como maestro y una pequeña tienda de golosinas y helados que regentaba durante los meses de verano.

En 1920 se le plantó frente al mostrador un niño que tenía una importante duda: no sabía si comprarse un helado o una chocolatina. Sólo llevaba dinero para una cosa, por lo que el dilema aún era más peliagudo. Esta incertidumbre del muchacho también despertó la curiosidad e ingenio del señor Nelson, el cual se puso a desarrollar un producto que pudiese ser cremoso como una barrita de chocolate y al mismo tiempo refrescante como un helado. A todo ello le añadiría un corazón de crema de vainilla helada.

Después de varias pruebas consiguió algo que se acercaba mucho a lo que pretendía y en 1921 comenzó a comercializarlo en su negocio con el nombre de *I-Scream Bars* (un juego de palabras, pues aunque literalmente significa *Yo Grito Barras,* fonéticamente se lee igual que *ice-cream bars,* barras de helado). La prueba de fuego para el producto fue durante el Torneo Anual de los Bomberos de Iowa, donde los puso a la venta con gran acogida por parte de los asistentes.

Pero se encontró con un problema con el que no contaba… Los empresarios lácteos y heladeros de la zona no veían con buenos ojos el nuevo invento y siete de ellos rechazaron el gestionar la comercialización, hasta que llegó al octavo empresario, Russell Stover. Este vio bien el producto ideado por Nelson y decidió asociarse a él. Una de las primeras cosas que hicieron fue cambiar el nombre al helado, pasando a llamarlo desde entonces *Eskimo Pie* [pastel esquimal]; algunas crónicas dicen que el nuevo nombre fue idea de la señora Stover. El 24 de enero de 1922 era patentado el producto y para mediados de ese mismo año las ventas del Eskimo Pie eran de un millón de unidades al día.

25. ¿Qué es ser un cretino?

Normalmente se utiliza la palabra *cretino* para insultar a alguien de manera despectiva. Si buscamos en el diccionario de la RAE, define la palabra cretino como alguien «estupido», «necio» o «con falta de talento». El origen de la palabra es francés, donde se conserva el insulto *crétin des Alpes* [cretino de los Alpes] y eso tiene un porqué: *Crétin* proviene a su vez de *chrétien,* que en castellano significa cristiano.

Parece ser que el vocablo *crétin* comenzó a usarse en la región de Saboya para referirse a los que habitaban al otro lado de los Alpes (actual Suiza) y que acogieron el credo cristiano difundido por los reformistas del siglo XVI. Martín Lutero y Juan Calvino hicieron más cercanos muchos de los pasajes de la Biblia con una explicación más simplificada, con la idea de que fueran comprendidos por las clases más desfavorecidas. De ahí, que el vocablo *cretino* se empleara también como sinónimo despectivo de persona vulgar, inculta y/o de pobreza de espíritu.

Por otro lado, el cretinismo es una deficiencia congénita de la glándula tiroidea que provoca un retardo en el crecimiento físico y mental. A las personas afectadas por dicha enfermedad se les llama cretinos y, a pesar de que este término se utiliza de forma insultante entre la población en general, es apropiado dentro de un contexto técnico.

26. ¿Cuál ha sido la temperatura más baja en un lugar habitado?

La temperatura más baja registrada en un lugar habitado se dio en el pueblo de Oymyakon [Оймякон] de 4.000 habitantes, un pequeño poblado junto al río Indigirka en el noreste de la República Sakha, en el este de Siberia, Rusia, en las coordenadas 63°15'N 143°9'E.

Oficialmente, la temperatura alcanzó los -68 °C en 1933. Y, aunque oficialmente nunca fue confirmado, hay indicios suficientes como para pensar que el 26 de enero de 1926 se registró una temperatura de -71,2 °C.

27. ¿Por qué el super-pegamento no se pega a su envase?

Posiblemente habrás utilizado en más de una ocasión un pegamento de esos que se anuncian como *pegalotodo,* el más común de los cuales se comercializa bajo el nombre de Super Glue. Nada más abrirlo y poner unas gotas sobre cualquier superficie podemos observar que se solidifica al instante. Pero ¿si lo pega todo cómo es que no se pega en el envase?

Pues muy sencillo, no lo hace debido a que el pegamento, para cumplir su función, necesita un componente que lo active: la humedad. Dentro del tubo no la hay, pero al abrirlo y entrar en contacto con la humedad del aire (o de otros componentes como las superficies a pegar o incluso la misma humedad de los dedos) se activan las moléculas que hacen posible que se convierta en adhesivo. El inventor del Super Glue fue Harry Coover, quien trabajando en materiales plásticos para fabricar miras telescópicas para los fusiles, durante la Segunda Guerra Mundial, se topó con el cianocrilato, componente principal de este tipo de adhesivos inmediatos.

28. ¿Cuál es el origen del plástico de burbujas?

El popular, y adictivo para quienes se entretienen explotando sus pompas, plástico de burbujas fue inventado en Nueva Jersey por dos ingenieros llamados Marc Chavannes y Al Fielding. Ambos llevaban tiempo trabajando en un papel de burbujas de aire destinado a empapelar paredes, pero los consumidores no acababan de ver la utilidad de este invento. También se intentó comercializar sin éxito como protector en invernaderos.

Durante un viaje en avión Chavannes se fijó en como las nubes parecían envolver suavemente el avión y entonces se le ocurrió la idea de usar el papel de burbujas que habían inventado como protector para embalar, sustituyendo así al papel de periódico que era habitual hasta el momento.

Así nació el Bubble Wrap y se fundó en 1960 la Sealed Air Corporatión destinada a comercializar dicho producto. El éxito fue casi instantáneo y su utilidad muy evidente pese a que, frente los embalajes en papel, el plástico no es biodegradable.

El papel burbuja es a día de hoy tan popular que el último lunes de enero de cada año se celebra un homenaje a su favor.

29. ¿Qué es un hipócrita?

Un hipócrita es un *actor*. Sí, como lo leéis. Así como ahora definimos a una persona hipócrita como «aquella que finge sentimientos que no tiene, o que expresa ideales que no sigue», el origen de la palabra hipócrita proviene del latín *hypocrisis* y del griego *hypokrisis,* que significan acción de desempeñar un papel, por lo que la palabra hipócrita designaba a un actor contratado para fingir o hacerse pasar por aquel que no era (por ejemplo, las plañideras eran hipócritas). Y aunque parecen compartir origen, la palabra hipócrita no tiene nada que ver con Hipócrates, el llamado *padre de la medicina*, a quien se atribuye la creación del juramento hipocrático, por el que los recién titulados en medicina adquieren un compromiso ético para ejercer la medicina de manera responsable.

30. El origen de la palabra histeria

¿Sabías que antiguamente se decía que únicamente las mujeres podían sufrir histeria? Histeria viene del término griego *hyaterá,* que significa matriz. Los antiguos griegos consideraban la enfermedad como movimientos o vibraciones de los órganos reproductivos femeninos, y la histeria era la enfermedad del *útero ardiente*. O sea que era una enfermedad exclusiva de las mujeres.

Hasta bien avanzado el siglo XIX se mantenía dicha creencia y el tratamiento de la histeria se había convertido en una práctica muy aceptada y seria (dicho tratamiento consistía en masajes manuales al clítoris de la paciente para producir el orgasmo). Tan aceptada era esta práctica que a partir de 1880 los casos se multiplicaron tanto que, en diez años, se convirtió en una epidemia.

En la actualidad se sabe que la histeria es una enfermedad psicológica y que no tiene nada que ver con el género de quien la sufre. Hoy en día también se la denomina neurosis de conversión. Aparece en personas que se encuentran en situaciones límite o con grandes crisis psicológicas. Los síntomas son la simulación de enfermedades reales, pero sin tener los problemas físicos que las causan (por ejemplo, un paciente que sufre de ceguera teniendo sus ojos completamente sanos). La causa suele ser un conflicto psicológico.

31. La película más larga de la historia

Con un único *actor* en pantalla, el poeta y artista visionario Lee Groban, John Henry Timmis IV rodó la película experimental *The Cure for Insomnia* [El remedio contra el insomnio] en 1986.

El metraje tiene una duración total de 5.220 minutos, unas 87 horas; es decir, unos 3 días y 15 minutos.

En ella aparece el poeta Lee Groban leyendo un poema suyo de 4.800 páginas, interrumpido únicamente por fragmentos de películas de contenido pornográfico y música *heavy metal*. Sólo se ha proyectado sin cortes una vez, el día de su estreno el 31 de enero de 1987 en la escuela del Instituto de Arte de Chicago.

El propósito original de sus impulsores era el de *reprogramar* el cerebro de las personas que sufrían insomnio, mediante el visionado del total de los minutos grabados. En el supuesto de que algún día se decidiese poner en el mercado mediante DVD, este llenaría, aproximadamente, dieciocho discos.

02. Febrero

01. ¿Por qué en las estaciones de tren existe una placa indicando la altura sobre el nivel del mar del lugar?

Cuando se decidió tomar ciertos puntos de altitud para la realización de mapas y trabajos topográficos y cartográficos, se tuvo en cuenta que la red de líneas férreas del país podría ser el mejor lugar para colocar las indicaciones de altitud de cada punto geográfico. Comenzando desde la cota cero, situada en Alicante se partió desde allí y se colocó en cada punto kilométrico de la vía del tren una referencia a la altitud del lugar y se fue colocando una placa con todos los detalles en cada estación.

Hoy en día, estas referencias de nivelación discurren a través de las carreteras nacionales, y las presentes en las vías del ferrocarril tienen un valor principalmente histórico.

02. Nota real

Aprovechando una visita a Londres, la reina Luisa de Suecia decidió hacer una *escapadita* por la ciudad para visitarla. Salió de excursión sin escolta ni documentación y durante su visita un autobús estuvo a punto de atropellarla. En previsión de que pudiese sucederle cualquier percance, resolvió colocar una nota en el bolso por si le pasaba algo: «Soy la reina de Suecia».

03. Fidelidad religiosa

El rey visigodo Teodorico el Grande (454-526) profesaba una gran devoción hacia el arrianismo. Su primer ministro y hombre de confianza, por el contrario, era cristiano, pero para agradar a su señor cambió de religión.

Al enterarse de este acto, Teodorico mandó ejecutarlo. Al ser preguntado el porqué, el monarca respondió: «Si ha sido capaz de traicionar a su Dios, no tardará en traicionarme a mí».

04. Fiel amigo

Alejandro Magno tenía una amistad fraternal con su médico personal Filipo de Acarnania, al que conocía desde niño. En cierta ocasión, en la que el monarca había enfermado y requirió la presencia del galeno, fue advertido de que Filipo se había vendido al enemigo y que, muy probablemente, lo envenenaría.

De todos modos quiso que lo visitase y se bebió lo que le preparó el médico. Tras esto, Alejandro Magno dijo: «Prefiero morir a desconfiar de mis amigos».

05. ¿Cuál es el origen de las señales horarias en la radio?

La primera emisión de las señales horarias en la radio fue el 5 de febrero de 1924 por la BBC. Éstas se introdujeron tras el éxito de la retransmisión de las campanadas del Big Ben al inaugurar el Año Nuevo de 1924.

A finales de 1923, Frank Dyson, Astrónomo Real del Royal Greenwich Observatory, había visitado a John Reith, director general de la BBC, para debatir la idea de emitir unas señales acústicas para indicar las horas en punto. Dichos pitidos serían para los segundos 55, 56, 57, 58, 59, 00.

La idea original fue elaborada por el propio Dyson en colaboración con Frank Hope-Jones, inventor del reloj de péndulo libre. La idea de este último eran cinco pitidos coincidiendo con los cinco últimos segundos de cada hora. Dyson le añadió el último pitido, algo más largo, que debía identificar al primer segundo de la nueva hora.

El Observatorio Real de Greenwich velaba por la hora oficial del país, cosa muy importante para sincronizar la navegación de los barcos y retransmitir las señales horarias facilitó muchísimo el trabajo.

A partir de la Segunda Guerra Mundial, esta costumbre se extendió a la mayoría de emisoras desplegadas por todo el mundo.

06. El origen de las chapas y el abrebotellas

En la última década del siglo XIX las bebidas carbonatadas irrumpían con fuerza en los comercios de muchas ciudades de Norteamérica.

Para poder comercializarlas se buscaron diferentes fórmulas que cerrasen herméticamente las botellas sin que éstas perdieran el gas que contenía la bebida.

El emergente mercado hizo que las oficinas de patentes recibieran más de un millar de prototipos de diferentes tipos de cierres y tapones, pero el que se llevó el favor de los industriales fue el de William Painter, un prolífico inventor de origen irlandés afincado en Baltimore, que encontró la solución, diseñando y patentando, el 2 de febrero de 1892, un tipo de tapón que resistía el potente gas contenido en cada botella y que era fácil de colocar gracias a una máquina industrial también inventada por él.

Pero poco después se encontraron con el problema de que muchos compradores (sobre todo de las zonas rurales) no tenían ni idea de cómo abrir las botellas, utilizando todo tipo de utensilios para ellos y rompiendo en multitud de ocasiones el cuello de la botella. Otro efervescente mercado se acababa de crear, el de los abrebotellas. Y también sería el propio William Painter quien inventó y patentó, el 6 de febrero de 1894, el utensilio que ayudaba a abrir las botellas con tapón corona, también conocida como chapa.

07. El tamaño sí importa

Durante el proceso que emprendió Enrique VIII contra su esposa Ana Bolena, acusó a esta de «traición y adulterio» y le recriminó las palabras usadas por ella para referirse al miembro viril del monarca: «La espada del Rey no pasa de ser una simple navaja».

08. Incendio en el Palacio Real

En 1604 un incendio asoló el Palacio Real de El Pardo, en Madrid. Quedó destruida la mayor parte de las obras pictóricas que había atesorado allí la Casa de Austria.

Felipe III era un gran admirador de Tiziano y al enterarse del incendio preguntó: «¿Se ha quemado la *Venus* de Tiziano?». Le respondieron que afortunadamente no había quedado dañada. El monarca añadió: «Pues lo demás no importa, ya se volverá a hacer».

09. ¿Cuál fue el primer espectáculo de *striptease* de la historia?

Posiblemente hace cientos de años ya hubo hombres y mujeres que se desnudaron frente a otras personas al ritmo de una música sugerente, pero el primer *striptease* en una sala con público del que se tiene constancia, se produjo en el Moulin Rouge de París el 9 de febrero de 1893.

El *striptease* o *effeuillage* (como se le llama en francés) corrió a cargo de una bailarina del Moulin Rouge llamada Mona y en cuyo espectáculo se iba quitando la ropa mientras simulaba que buscaba una pulga que le estaba picando por todo el cuerpo.

Las autoridades parisinas impusieron una multa de 100 francos a la madre de Mona, por la acción impropia de su hija en un lugar público.

Cabe destacar que en 1893 también se producía otro sonado *striptease* en este mismo local parisino y que fue realizado por una modelo llamada Sarah Brown durante la fiesta de disfraces *Bal des Quat'z'Arts* y en la que iba vestida de Cleopatra. La policía se presentó en la fiesta, disolviéndola y multando a la artista, esto provocó que se organizase una importante manifestación de protesta en el barrio Latino.

Un año más tarde los stripteases eran un número más que, junto al cancán, se convirtieron en seña de identidad del Moulin Rouge.

10. ¿Cuál es el origen de que el vestido de las novias sea blanco?

La persona que puso de moda el vestido de novia blanco fue la reina Victoria I del Reino Unido el 10 de febrero de 1840, fecha en la que contrajo matrimonio con Alberto de Sajonia Coburgo-Gotha.

Hasta entonces, era costumbre utilizar vestidos de novia de diferentes colores, más que nada porque estos eran reutilizados para otras ocasiones. El color plateado solía ser el elegido y reservado para reinas y grandes damas.

Pero la reina Victoria tuvo el capricho y gran idea de elegir el color blanco para su vestido de novia. La fotografía oficial del retrato de boda fue extensamente difundida y, a raíz de ahí, muchas novias fueron optando por escoger un vestido similar en honor a esa elección.

Ya entrados en el siglo XX, algunas corrientes más conservadoras quisieron vincular el color blanco del vestido a la pureza, inocencia y virginidad.

11. ¿Qué tipo de moneda lanzan los árbitros al aire a la hora de sortear el campo?

El uso de una moneda para determinar en qué mitad del terreno de juego jugará cada equipo es obligatorio.

La primera línea de la regla ocho del reglamento establece que «se lanzará una moneda al aire y el equipo favorecido decidirá la dirección en la que atacará en el primer tiempo del partido».

Y aunque no especifica qué moneda hay que lanzar, la FIFA proporciona a sus árbitros internacionales una moneda especial con un lado azul y el otro amarillo, con logotipos de FIFA a cada lado, conocida como moneda *fair play* [o del juego limpio]. Dicha moneda también se utiliza en los lances del juego en el que se precise una decisión o un saque neutral.

La moneda del juego limpio se utilizó por primera vez en el partido que enfrentó a Estonia y Escocia que se disputó el 11 de febrero de 1997 con motivo de la celebración de un partido entre ambas selecciones valedero para la clasificación del Mundial de Fútbol Francia 1998. El encargado de estrenarla fue el árbitro yugoslavo Miroslav Radoman.

Algunas federaciones entregan monedas parecidas a sus colegiados y algunas tiendas crean sus propias monedas dirigidas a árbitros.

12. La reina María y la galleta para perros

La reina María tenía un miedo atroz a los perros, todo lo contrario que su nieta, la futura Isabel II.

En una fiesta celebrada en los jardines del Palacio de Buckingham, la princesa Isabel le entregó a su abuela una galleta para perros para que esta se la diese a uno de los *corgi* galeses que tenía la niña. Eso puso de mal humor a la reina María, que no pensaba darle la galleta al can y no sabía cómo deshacerse de ella.

Junto a ella se encontraba el arzobispo de Canterbury y se la dio a él para que este se la entregase al perro. El arzobispo cogió la galleta para perros, sonrió con gratitud a su majestad y, creyendo que era una pastita de té, se la introdujo en la boca.

(12+1). Ni te cases, ni te embarques

Cuando el martes cae en 13 los *trezidavomartiofóbicos* sufren por su miedo irracional a este día. Evidentemente también echan a temblar todos aquellos que son sólo triscaidecafóbicos (véase 12+1 de enero). Todos ellos tienen entonces una razón para intentar justificar o echar las culpas de todo lo malo que les pueda ocurrir en esa jornada.

Pero la trezidavomartiofobia es una patología que debe ser atendida por especialistas. Sus afectados pasan este día con ansiedad, miedo e inseguridades que van mucho más allá de la simple superstición.

Pero, ¿cuál es el origen de este odio a esa fecha? ¿Por qué un día como éste es tan temido y es uno de los más odiados por los supersticiosos?

Por un lado nos encontramos con el trece, un número que ha sido calificado como un maldito por diversos motivos. Trece eran los asistentes a la Última Cena (Jesucristo mas los doce apóstoles). Trece son los espíritus malignos que se citan en la Cábala judía. Trece es el capítulo asignado al Anticristo en el libro bíblico del Apocalipsis. Y trece es el número de la carta de la Muerte en la baraja del tarot.

El martes era el día que dedicaban los romanos al dios Marte (Ares en la mitología griega), el dios de la Guerra. Su planeta era el *planeta rojo,* el de la destrucción, la sangre y la violencia. Durante la Edad Media era conocido como «el pequeño maléfico».

La mezcla de ambos hace que para mucha gente se convierta en un mal día, aplazando viajes, desplazamientos, reuniones, operaciones, firma de contratos, etc… Curiosamente, en la cultura anglosajona el día elegido para la mala suerte es el viernes 13 (día al que se han consagrado una extensa colección de películas y novelas).

14. El precio de un jardín privado

El célebre político inglés Philip Dormer Stanhope, cuarto Conde de Chesterfield, supo que el rey Jorge II pensaba cerrar el parque londinense de Saint James y transformarlo en un jardín privado para su uso personal, lo que habría causado gran descontento entre la gente del pueblo. El rey le preguntó cuánto podrían costar las obras y él respondió, simplemente, con concisión británica: «Señor, para Vos, sólo una corona». El rey comprendió la indirecta y el proyecto no pasó de ahí.

15. La opinión de la reina Victoria

Le llegaron rumores a la reina Victoria I de Inglaterra de que cierto ministro iba hablando mal de ella por los salones y tertulias. En vez de enojarse, le quitó importancia al asunto diciendo: «No pienso ocuparme de lo que el ministro opine de mí; lo que debería importarle es lo que opino yo de él».

16. Mejor con el enemigo

Carlos I de Inglaterra, perseguido por las tropas de Cromwell, se refugió en Escocia, pero los escoceses le vendieron al enemigo por dos millones de libras. Cuando lo supo el rey prisionero, exclamó: «Mejor estar con los que me han comprado que con aquellos que me han vendido».

17. Plantando cara

Enrique V, emperador del Sacro Imperio Romano Germánico, declaró la guerra al rey Boleslao III de Polonia, *el Bocatorcida,* y queriendo asustarle le mandó embajadores para decirle que, si no cedía por las buenas. enviaría contra él tantos soldados que no cabrían todos juntos en Polonia. El rey polaco respondió simplemente: «Mandad todos los soldados que queráis, encontraremos tierra para enterrarlos a todos».

18. El vino de Luis XIV

Cada vez que salía de caza, el rey Luis XIV mandaba llevar consigo 40 botellas de vino, las cuales no solía beberse y acababan siendo consumidas por sus criados.

Un día tuvo sed y pidió un vaso de vino.

- Se acabó, majestad –le contestó su ayudante.
- ¿Pues no se traen las 40 botellas que he mandado?
- Sí, señor, pero…
- En lo sucesivo –concluyó el rey–, ordeno que se traigan 41. Así, al menos, habrá una para mí.

19. El origen de los pañales desechables

Tras el nacimiento de su primera hija, Marion Donovan se planteó la necesidad de crear algún tipo de pañal que le ahorrase tiempo y le evitase tener que estar continuamente lavando los paños de tela que por aquel entonces se utilizaban para tal fin y así también evitar que su pequeña *mojase* una vez tras otra las sabanas de la cuna o la ropa que llevaba puesta.

Marion provenía de una familia de inventores, por lo que la creatividad había estado muy presente en su vida desde muy pequeña. Su carácter emprendedor la llevó en 1946 a ingeniar un pañal recubierto con una cortina de plástico y que en su interior llevaba un tipo de tela mucho más absorbente y que, a la vez, no provocaba escozor a su bebé; como era el caso de los utilizados hasta aquel momento.

Trabajó en el diseño y el 19 de enero de 1949 presentó una solicitud de patente, al mismo tiempo en que los comenzó a comercializar en la tienda Saks de la Quinta Avenida.

Bautizó su invento como Boaters y fue tal el éxito de venta que, en cuanto le fue aprobada la patente el 12 de junio de 1951, ya tenía sobre la mesa una oferta de compra de su invento por la nada despreciable cifra de un millón de dólares.

Acto seguido, Marion Donovan se puso a trabajar en la invención de su siguiente proyecto, el pañal que fuese totalmente desechable y cuyo interior no llevase tela sino algún tipo de género que fuese totalmente absorbente y mantuviese alejada la humedad de la piel de los bebés.

Pero, a pesar de la utilidad de su nuevo invento, no fue hasta una década más tarde en la que vendió su idea a Victor Mills, ingeniero químico en la empresa Procter & Gamble con la que desarrollaría y comercializaría los pañales desechables tal y como los conocemos hoy en día.

Entre 1949 y 1996, Marion Donovan presentó más de 20 patentes de inventos creados por ella, para hacer mucho más cómoda la vida de las amas de casa.

20. ¿Cuál es el origen de los boy scouts?

Lord Robert Stephenson Smyth Baden-Powell, primer Barón de Gilwell (1857-1941), fue un polifacético personaje que sentó las bases para la crea-ción del movimiento *scout*.

En 1907 se data la creación de este movimiento educativo para jóvenes que, en la actualidad, está presente en un total de 155 países y cuenta con 28 millones de miembros en todo el mundo.

El teniente general *sir* Robert Stephenson participó en distintas campañas militares en África, en las cuales destacó y obtuvo gran popularidad entre la población británica, especialmente por su heroica dirección en la defensa de Mafeking.

Tras regresar a Gran Bretaña, de donde era originario, las publicaciones de sus libros crecieron, se multiplicaron y se convirtió, así, en un destacado autor en materia de educación y formación juvenil. Sus ideas, plasmadas en *Escultismo para Muchachos* y otras obras, inspiraron a grupos de jóvenes británicos a formar patrullas, con lo que se inició de manera informal el escultismo.

En 1912 se fundan los primeros grupos *scouts* en España. A partir de 1917, el Rey Alfonso XIII fue protector y presidente de honor de los Exploradores de España y, al ver en aquel movimiento un medio para «la formación de excelentes ciudadanos», inscribió en la institución a sus cuatro hijos varones. Previamente, en 1915, Alfonso XIII había cedido a los exploradores una parcela en el monte de El Pardo, para que sirviera como campamento permanente.

21. «Llame a una ambulancia»

En 1792, durante la guerra franco-austriaca, Dominique-Jean Larrey trabajó como médico a cargo de las tropas de Napoleón. Pero la obsoleta organización sanitaria militar hizo que propusiera una innovación estratégica para atender de la manera debida a los múltiples soldados que caían heridos en el campo de batalla.

Tal y como estaba establecido hasta aquel momento, si un soldado era herido, el tiempo de reacción para atenderle era muy alto, por lo que la mayor parte de ellos fallecían antes de recibir ayuda, si no eran abandonados o rematados.

Larrey solicitó permiso para la creación de un servicio de ambulancias. Este estaba compuesto por equipos formados por un médico, un oficial de intendencia, un suboficial, 24 soldados y un tambor encargado de llevar el material de vendaje. Junto a la parte humana, el servicio se complementaba con doce camillas ligeras, cuatro pesadas y una carreta, diseñada especialmente por Larrey y denominada *ambulance* (del latín *ambulare,* en movimiento), que combinaba la rapidez con la seguridad y la comodidad, y que consistía en una cámara cerrada que estaba unida, por medio de ballestas, a un carro ligero de dos ruedas y tirado por dos caballos.

Las pistoleras de las sillas de montar fueron transformadas en bolsas de transporte para material sanitario. Su propuesta era seguir la vanguardia del ejército y evacuar a los heridos durante la batalla, lo más rápidamente posible. Las ambulancias tuvieron su bautismo de fuego en la batalla de Landau, en el transcurso de la cual Larrey fue herido en una pierna, pese a lo cual siguió operando. El éxito fue total y Larrey fue destinado en 1793 a París con el fin de organizar un servicio de ambulancias para todo el ejército.

22. ¿Cuál es el origen del bikini?

El inventor del bikini fue un ingeniero francés, especialista en la mecánica del automóvil, llamado Louis Réard, que tuvo que hacerse cargo de una mercería familiar. Desde allí creó y lanzó en julio de 1946 el bikini. Réard tomó el nombre para su prenda de baño del atolón Bikini, que se encontraba en las Islas Marshall, en el océano Pacífico, y en las que Estados Unidos llevaba al mismo tiempo las primeras pruebas nucleares con el lanzamiento de más de veinte bombas de hidrógeno y atómicas.

Según algunas fuentes, el diseño del bikini por parte de Louis Réard fue una *reinvención,* ya que existen imágenes de «vestidos de baño divididos» que están datados en torno al 1600 a.C., según pinturas y murales encontradas por arqueólogos italianos.

23. El origen de la margarina

El químico francés Hyppolyte Mège-Mouriès ganó un concurso público en 1869, convocado por el entonces presidente de la Segunda República Francesa, Napoleón III.

Dicho concurso nació con el objetivo de conseguir algún tipo de mantequilla artificial de mayor duración y más económica que la mantequilla original, elaborada con leche y grasas animales.

El invento de Mège-Mouriès consistía en una materia elaborada a partir de grasa vegetal, en lugar de grasas lácteas, y el color nacarado de dicho producto hizo que lo bautizase como *margarine,* que provenía del vocablo griego *margaron* (perla).

24. ¿Por qué no hay toreros con bigote?

El hecho de que no los haya no quiere decir que esté prohibido. Si nos pusiéramos a rebuscar en los diferentes reglamentos taurinos que ha habido, no encontraríamos ni un solo apartado, norma o regla que nos indicase la prohibición de lucir bigote (o barba) por parte de un matador de toros.

Se supone más como una costumbre estética y norma no escrita, que como algo que se crea que no se puede o debe hacer.

De hecho, en el último cuarto del siglo XIX, hubo dos toreros que llevaron bigote: Félix Robert (cuyo verdadero nombre era Jean Cazenabe), de origen francés; y Ponciano Díaz, natural de México.

Cabe destacar que, el 24 y 25 de febrero de 2007, en las plazas de toros de Linares y Morón de la Frontera (respectivamente), Morante de la Puebla toreó con una coleta natural y unas largas y frondosas patillas que se unían a un bigote.

25. ¿Dónde está el quinto pino?

Cuando queremos referirnos a algún lugar que está muy lejano, solemos utilizar la frase «está en el quinto pino».

Para encontrar el origen de la expresión, hemos de trasladarnos al Madrid de principios del siglo XVIII, durante el reinado de Felipe V, en el que fueron plantados cinco frondosos pinos a lo largo del Paseo de Recoletos y en dirección norte. El primer pino plantado estaba en la parte más baja del paseo, mientras que el quinto se encontraba en la más alejada (en las inmediaciones de lo que hoy es el Paseo de la Castellana, a la altura de Nuevos Ministerios).

El hecho de estar tan lejos lo hacía idóneo para ser punto de encuentro de muchas parejas para tener sus encuentros amorosos, fuera de la vista de los demás. Así que, cuando se citaban, lo hacían en «el quinto pino».

26. ¿Por qué se les lanza arroz a los recién casados?

La tradición de lanzar arroz a los recién casados proviene de Oriente. Allí el grano de arroz es símbolo de prosperidad y fertilidad, por lo que, al finalizar la ceremonia, se les desea a los contrayentes un futuro lleno de prosperidad e hijos. Un precepto chino dice:

«Qué tengáis tanta prosperidad como para poder repartir arroz en todos los días de vuestra vida. Que os sobre para poder dar a los que no tienen».

«Que poseáis tanto arroz como para poder tener un gran número de hijos».

En las bodas del antiguo Imperio Romano, al llegar la medianoche, a los novios se les lanzaban nueces que, al rebotar sobre la piedra del asfaltado, producían gran estruendo.

En las Islas Célebes (Indonesia) se cree que si el alma del novio no recibe una ducha de arroz, se escapará volando después de la boda y jamás regresará.

27. Un molesto olor corporal

Jules Barbey d'Aurevilly, periodista y novelista francés, autor de *Las diabólicas,* se encontraba en cierta ocasión cerca de un tipo que desprendía un molesto y desagradable olor corporal, por lo que decidió ponerse a criticarlo públicamente. El individuo, molesto, entró en cólera y desafió a un duelo a Barbey d'Aurevilly. Este sin inmutarse le respondió: «Señor, no acepto el duelo. Si usted me mata no dejará de oler mal por ello y si soy yo el que lo mata a usted, olerá peor».

28. El dolor de muelas de Hideki Tojo

En 1985, escondido entre los archivos de la Segunda Guerra Mundial, se descubrió un documento en el que se explicaba la *travesura* del dentista estadounidense Jack Mallory, cuando este acudió para curar el dolor de muelas del general japonés Hideki Tojo, prisionero de guerra tras la ocupación norteamericana de Japón. Durante la intervención, el dentista militar grabó en los dientes postizos del general japonés las palabras *«Remember Pearl Harbor»* [Recuerda Pearl Harbor] en código Morse. Tres meses después de la intervención dental, los japoneses descubrieron la broma y borraron las marcas de los dientes del general japonés.

29. ¿De dónde proviene la idea de que contar ovejitas ayuda a conciliar el sueño?

Posiblemente en alguna de esas noches de insomnio en la que no has podido conciliar el sueño has intentado contar ovejitas, pero veías como iba pasando el tiempo y no había manera de dormirse. También era muy típico de nuestras madres contestarnos eso de «pues si no puedes dormir cuenta ovejitas».

Ciertamente un buen número de investigaciones que se han realizado en los últimos años han llegado a la conclusión de que contar ovejitas para que nos entre el sueño antes no sirve para nada. Así que... ¿de dónde proviene la idea de que sí funciona?

El origen es algo incierto, pero casi todas las fuentes apuntan a un antiguo cuento que se contaba a los niños al acostarlos y que tenía una estructura repetitiva y sin fin. Siempre pasaba algo que hacía que fuese inacabable y cuyo final era inventado por la persona que lo contaba en el momento que veía que el pequeño ya se había dormido.

Dentro de esta estructura sin fin se encontraba la historia del pastor que tenía un rebaño de muchísimas ovejas y debía pasarlas al otro lado del río a través de un estrecho puente. Cada oveja iba pasando de una en una y el pastor debía contarlas, para asegurarse que habían pasado todas. Eran tantas, que, en el transcurso de ese pasar ovejitas de un lado a otro mientras el adulto lo relataba, el niño se dormía.

03. Marzo

01. El origen del logotipo «I ♥ NY»

Es uno de los logotipos más famosos del mundo y surgió hace ya tres décadas a raíz de la campaña publicitaria para promocionar el estado (que no la ciudad) de Nueva York. Eran tiempos difíciles. La delincuencia había aumentado, la crisis económica de los 70 era cada vez más aguda y los trabajadores emigraban hacia otros puntos del país. En 1977, y a instancias del presidente Gerald Ford, el comisionado adjunto del Departamento de Comercio de Nueva York, William S. Doyle, tuvo el encargo de promocionar y revitalizar el estado. Para ello, contactó con la agencia Wells Rich Greene para que realizasen una campaña publicitaria en torno a Nueva York.

En lo primero que se pensó fue en crear un logotipo que pudiese asociarse con la campaña y se contó con el trabajo del creativo y diseñador gráfico Milton Glaser como responsable de esa tarea. De su creativa mente salió uno de los logos más conocidos, imitados y utilizados del mundo. Estaban convencidos de que dicha campaña y su impacto no duraría mucho más allá de dos meses, por lo que tenían preparado un plan B, que, obviamente, no les hizo falta, pues el estilo innovador de la campaña hizo que se convirtiera muy rápidamente en un venerado icono pop que aún perdura como uno de los símbolos mundiales más conocidos y reconocidos. Desde entonces se han impreso millones de tazas, camisetas, pegatinas y un sinfín de artículos y recuerdos conmemorativos. Raro es el lugar, localidad o nombre que no tenga su adhesivo correspondiente con el «I ♥».

02. ¿Por qué los carros de combate son llamados tanques?

En 1915, el Ejército Británico decidió poner en marcha la fabricación de carros de combate capaces de cruzar trincheras y campos de batalla sin sufrir desperfectos, queriendo llevarlo a cabo bajo un absoluto secretismo.

A los trabajadores que se encargaban de su construcción se les dijo que lo que estaban fabricando eran contenedores de agua móviles para el Ejército Británico desplazado en Mesopotamia.

Estos carros de combate comenzaron llamándose coloquialmente transportes de agua y con el tiempo tanques de agua hasta derivar en un simple tanque.

03. ¿Cuál es el origen del enjuague bucal?

El enjuague bucal o colutorio es una solución líquida que suele utilizarse después del cepillado dental con objeto de eliminar gérmenes y bacterias y el mal aliento.

Los primeros indicios que existen sobre el estudio de las bacterias odontológicas provienen del científico holandés Anton van Leeuwenhoek, quien era un auténtico entusiasta de la observación microscópica.

Van Leeuwenhoek descubrió en 1683 organismos vivos en la placa dental y concluyó que era posible eliminarlos si una solución de vinagre y brandy permanecía el suficiente tiempo en la boca para hacer efecto.

Aunque para encontrar el origen del licor de enjuague bucal, tal y como lo conocemos hoy en día, debemos trasladarnos dos siglos, hasta mediados de los años 70 del XIX, en el que encontraremos al cirujano británico Joseph Lawrence Lister que descubrió un antiséptico capaz de ayudar a mantener los quirófanos limpios de gérmenes y bacterias.

A lo largo de su carrera, el Dr. Lister había comprobado cómo muchas de las infecciones de sus pacientes habían sido contraídas durante la intervención quirúrgica o durante el postoperatorio.

Apenas dos décadas después el Dr. Jordan Wheat Lambert comenzó a utilizar la misma fórmula del antiséptico en el campo odontológico, creando así el primer colutorio, que bautizó bajo el nombre de Listerine en honor a Joseph Lawrence Lister.

En el periodo de tiempo que pasó entre la creación del antiséptico por parte de Lister y la invención del enjuague bucal, el líquido fue utilizado para un sinfín de cosas, desde como friegasuelos, hasta para limpiar material quirúrgico o para tratar la gonorrea, entre otros muchos usos.

04. ¿Cuál es el origen de los perros lazarillo?

Sobre adiestramiento específico de perros para ayudar a personas invidentes, existen algunos escritos que relatan casos concretos y los sitúan hacia el primer cuarto del siglo XIX e incluso hay indicios en los que se indican que, ya en la antigüedad, se utilizaban a algunos canes para ayudar a las personas ancianas y enfermas. Pero todas las fuentes señalan a un médico de origen alemán, llamado Gerhard Stalling, como precursor de los perros lazarillos.

Durante la Primera Guerra Mundial, el doctor Stalling se ocupaba de atender a los combatientes que habían regresado de la contienda con algún tipo de lesión ocular por culpa de los gases venenosos utilizados.

En cierta ocasión salió a pasear junto a uno de sus pacientes por los alrededores del hospital donde ejercía su labor. Les acompañaba el perro del doctor y los tres caminaban plácidamente por los jardines. En un momento dado, la presencia del médico se hizo precisa en otro punto, dejando a su mascota junto a su paciente para que le hiciera compañía.

Cuando regresó al lugar advirtió que ninguno de los dos estaba allí y que habían continuado caminando juntos. Esto fue lo que le despertó el interés para crear la primera escuela de adiestramiento para perros guía.

05. ¿Cuál fue el reinado más largo de la historia?

El reinado más largo de todos los tiempos fue el de Fiops II (llamado también Pepy II o Neferkare), un faraón de la sexta dinastía del Antiguo Egipto.

Su reinado se inició hacia el año 2281 a.C., cuando contaba con seis años de edad, y se calcula que duró aproximadamente unos 94 años, cuando falleció con alrededor de 100 años.

06. ¿Qué es el baile de San Vito?

El baile de San Vito es la forma común en la que se conoce a las enfermedades de Corea de Sydenham y Corea de Huntington, unas dolencias neurológicas que hacen referencia a la degeneración del sistema nervioso central y cuyos trastornos provocan movimientos corporales bruscos y convulsivos.

Actualmente esta enfermedad sólo afecta a un millar de personas en todo el mundo, pero durante la Edad Media estaba bastante más extendida. A aquellos que la padecían se les acusaba de estar poseídos y eran mandados a la hoguera para ser quemados.

De ahí que la gente se encomendase a San Vito, frecuentemente venerado como salvador y auxiliador de enfermedades raras, para que curara al enfermo de dicha posesión. El desconocimiento científico hacía que muchas enfermedades relativamente comunes se viesen como posesiones extrañas lo que hacía que, en aquella época, San Vito fuese un santo muy *popular.*

07. Como niños pequeños

Carlos III emprendió numerosas obras en la capital de España para convertirla en una capital más europea. Entre los múltiples proyectos estaba el de construir un sistema de conductos de canalización de las aguas, cuyo propósito era el de limpiar la ciudad de residuos.

Dicha propuesta no fue del agrado de los madrileños, por lo que el monarca exclamó: «Mis súbditos son como niños pequeños: lloran cuando se les lava».

08. ¿Realmente las espinacas tienen tanto hierro como se cree?

Desde pequeños nos han dicho que comiésemos muchas espinacas, porque contenían mucho hierro. Incluso, en las aventuras de dibujos animados de Popeye, este adquiría toda su fuerza a base de zamparse unas buenas dosis de espinacas.

Pero, ¿realmente las espinacas tienen tanto hierro?

La respuesta es no. Las espinacas tienen hierro, pero diez veces menos de lo que se ha creído durante muchísimos años. Eso es debido al error que cometió, a finales del siglo XIX, la secretaria del científico J. Alexander que desplazó hacia la derecha la coma en los decimales, dándole un valor multiplicado por diez del real. Realmente, las espinacas tienen 3 mg de metal por cada 100 gramos de espinacas, en lugar de los 30 mg que durante todo este tiempo nos han hecho creer.

En 1930 un grupo de científicos alemanes desmintió formalmente el error. Pero como sucede a menudo, este hallazgo no tuvo la misma repercusión que el casi sensacionalista descubrimiento anterior. Pasar de 30 mg de metal por cada 100 g de verdura a apenas 3 mg implicaba dejar de ser posiblemente uno de los alimentos más férreos conocidos y situarse modestamente entre el resto de los comestibles.

Alimentos como los huevos, las lentejas o incluso el azúcar tienen más hierro que las espinacas. Como consecuencia de ese error hay que destacar que el consumo de espinacas se disparó y creció por encima del 33%. La ciudad de Crystal City (Texas), una de las mayores productoras de espinacas de EE.UU., levantó una estatua en honor del personaje de Popeye.

09. ¿Por qué la pimienta hace estornudar?

La pimienta contiene un alcaloide llamado piperidina que actúa como un irritante si se mete en la nariz. Estimula (o irrita) las terminaciones nerviosas en el interior de la membrana mucosa. Esta estimulación es la causa del estornudo. En realidad, la nariz quiere sacar de alguna manera este irritante que se le ha introducido y lo hace de la única manera que sabe: provocando los estornudos.

10. ¿Hay dos copos de nieve iguales?

Según Kenneth G. Libbrecht, profesor de Física en Caltech (Instituto de Tecnología de California), se puede afirmar que no existen dos copos o cristales de nieve iguales, dadas las altas tasas de improbabilidad que existen de que esto pueda ser así.

Se calcula que cada invierno cae un cuatrillón (septillón anglosajón) de copos de nieve. Es decir: 1.000.000.000.000.000.000.000.000 copos.

11. ¿Sabías que las Pringles no son patatas fritas?

Así lo dictamino un magistrado británico tras la solicitud que realizaron los propietarios de la empresa que comercializa las Pringles para poder acogerse a un impuesto fiscal menor.

Resulta que en Gran Bretaña las patatas fritas de bolsa estaban gravadas con un impuesto del 17,5%, mientras que los aperitivos a base de galletas saladas y/o frutos secos sólo lo tenían del 5%. De esta forma, los fabricantes de Pringles tomaron la decisión de recurrir y solicitar que se les incluyera dentro del grupo de los *snacks* con menor impuesto.

Para conseguirlo demostraron que su producto se elaboraba a base de una masa con diversos ingredientes entre los que se encuentra la harina de maíz, patatas deshidratadas, almidón, grasas vegetales...

La cantidad de patata utilizada no alcanza el 50%, por lo que reconocían que no elaboraban patatas fritas, sino un aperitivo. Su argumentación convenció al tribunal y fueron gravados con un impuesto menor.

Posteriormente a la resolución del Tribunal Supremo, la Corte de Apelación británica revocó dicho dictamen declarando que, una composición del 42% de patata, es un porcentaje lo suficientemente alto de producto como para catalogar a las Pringles de patatas fritas, volviéndole a aplicar a partir de aquel momento el gravamen correspondiente a ese tipo de producto, lo que supuso a la multinacional Procter&Gamble el tener que desembolsar cerca de 100 millones de libras esterlinas en concepto de pago de impuestos atrasados.

12. El origen de la regata anual entre Oxford y Cambridge

Todo comenzó un 12 de marzo de 1829, cuando Charles Merivale, estudiante de la Universidad de Cambridge, envió una carta a su amigo Charles Wordsworth, también estudiante, pero en la Universidad de Oxford. En la misiva Merivale retaba a su universidad a una regata descendiendo por el río Támesis a su paso por Londres (desde Putney hasta Mortlake, casi siete kilómetros de distancia) y, como era de esperar, Oxford aceptó. Se pactó una fecha para tal regata, que se celebró el 10 de junio de 1829. Ganó Oxford.

Desde entonces y de forma periódica se estuvieron realizando diferentes regatas y fue a partir de 1856 en que la regata se convirtió en un encuentro anual, exceptuando los años de guerras. A la publicación de este libro, Cambridge ha ganado 80 veces y Oxford las otras 75.

Más de 250.000 personas acuden a ver la regata y se estima que alrededor de 120 millones de espectadores de todo el mundo siguen la retransmisión por la televisión.

13. ¿Qué ocurre si se echa azúcar en el depósito del coche?

Hay un rumor circulando desde hace bastante tiempo que explica que si te echan azúcar en el depósito del coche ya puedes ir despidiéndote de él. Pues bien, tan sólo es eso, un rumor, ya que al vehículo no le pasa nada en caso de que a algún *graciosillo* se le ocurriese verter azúcar en el depósito de nuestro coche.

El azúcar no se disuelve en la gasolina ni en el gasóleo, así que ocurriría lo mismo que si echamos arena: que se iría al fondo y simplemente ensuciaría el depósito.

Eso sí, podrían fastidiarnos a base de bien si en el depósito nos echaran agua: esta se colaría por los conductos de suministro, porque el combustible flota sobre ella, y eso sí que inutilizaría el coche.

14. Necesito un Alka-Seltzer

En el invierno de 1928 el presidente de la farmacéutica Laboratorios Doctor Miles, Hub Beardsley, realizó una visita a un periódico local de Elkhart (Indiana, Estados Unidos). Aquel año la gripe estaba haciendo estragos y la mayoría de los empleados de su farmacéutica no habían ido a trabajar. Sin embargo Beardsley quedó sorprendido al saber que los trabajadores del periódico no se habían ausentado de sus puestos de trabajo por enfermedad.

Descubrió entonces que el director del periódico, al primer indicio de resfriado, distribuía entre su personal una mezcla de aspirina y bicarbonato. Aunque dichos principios ya eran ampliamente conocidos nunca se habían usado juntos.

Beardsley tomó buena nota del remedio y pidió a sus químicos que fabricaran una tableta efervescente según estas instrucciones. Alka-Seltzer salió al mercado en 1931 publicitándose como remedio eficaz para el dolor de cabeza, la indigestión, gases, calambres estomacales y ardor de estómago.

15. ¿Por qué se atenúan las luces de cabina en los aviones al despegar o al aterrizar?

Es un procedimiento que se realiza después del ocaso. Según normativa de seguridad internacional, las luces interiores de la cabina deben bajar de intensidad durante una aproximación o despegue para que los pasajeros puedan acomodar su visión y en caso de situación de emergencia o evacuación, puedan ser capaces de ver y actuar con mayor celeridad sin que se produzca un contraste luminoso o destello de luz que tendría lugar al pasar de una luz mayor a la oscuridad.

16. ¿Sabías que al campo de El Sardinero se le conocía como «El huerto del francés»?

Durante la temporada 1930-31 de la Liga española el equipo del Racing de Santander destacó por ser uno de los más fuertes de la competición.

En sus partidos disputados en el campo de El Sardinero se mostraba inexpugnable, lo que hizo que rápidamente se conociese el estadio como «el huerto del francés», en clara alusión a unos hechos acaecidos a finales del siglo XIX en la población de Peñaflor (Córdoba) en el que varias víctimas fueron robadas, asesinadas y posteriormente enterradas en un huerto propiedad de Juan Alije, alias *el francés*.

De ahí que al campo de El Sardinero se le llamase de ese modo, ya que el Racing se mostraba imbatible en su feudo, *enterrando* a los equipos visitantes. Esa temporada, el Rancing de Santander acabó la liga en segunda posición, empatado a puntos con el Athletic de Bilbao que se proclamó campeón.

17. ¿Por qué en Cataluña al sándwich caliente de jamón y queso se le llama bikini?

La Sala Bikini abrió sus puertas en 1953 en la Avenida Diagonal de Barcelona. La sala trajo muchas novedades a Barcelona. Una de ellas fue un bocadillo muy popular en Francia llamado *Croque Monsieur* y que era un bocadillo caliente de jamón york y queso.

El problema fue que, en plena época franquista, los anglicismos y galicismos estaban mal vistos, lo que llevó a la gente que gestionaba el negocio en sus inicios, a llamarle «el bocadillo de la casa».

Afortunadamente, la fama del «bocadillo de la casa» del Bikini traspasó las paredes del local y la gente comenzó a pedirlo fuera de la Sala Bikini. Y lo que se comenzó pidiendo como «el bocadillo que hacen en el Bikini», fue evolucionando hasta llegar al «hazme un Bikini».

Es un nombre que, básicamente, se le da en Cataluña, puesto que en el resto de España la forma correcta de pedirlo es un *sandwich* mixto caliente.

18. ¿Cuál fue el primer ordenador portátil?

El primer ordenador portátil lo ideó Adam Osborne, que, aunque nació en Tailandia, pasó la mayor parte de su vida en los Estados Unidos.

Presentó en sociedad su portátil en el mes de abril de 1981 y durante el primer mes en el mercado, septiembre de 1981, alcanzó la cifra de 100.000 unidades vendidas.

Su precio era de 1.795 dólares y pesaba 10,4 Kg.

Algunas características del portátil eran:
- Procesador Z80 de ocho bits, que trabajaba a 4 MHz.
- 64 Kb de memoria RAM.
- 2 unidades para discos flexibles de 5,25 pulgadas.
- Su monitor CTR monocromo de 4,4 pulgadas (13 cm) sólo podía mostrar 52 caracteres por línea de texto.
- El teclado hacía al mismo tiempo la función de tapa del equipo.

Dos años después, en septiembre de 1983, la empresa Osborne Computer Corporation quebró.

En 1992 se le detectó a Adam Osborne una dolencia cerebral y se trasladó a vivir a Kodaikanal (India), donde falleció el 18 de marzo de 2003 a la edad de 64 años.

19. «¡Viva la Pepa!»

Su origen se remonta a 1814 cuando el Rey Fernando VII restableció el absolutismo, ayudado en gran medida por los Cien Mil Hijos de San Luís (nombre dado al ejército francés comandado por el duque de Angulema), aboliendo la Constitución, de corte liberal, que se había aprobado dos años antes en las Cortes de Cádiz, el 19 de Marzo de 1812.

Pero la abolición de la Carta Magna (la tercera en el mundo, sólo antecedida por la estadounidense y la francesa) incluía no sólo la suspensión de su vigencia, sino que también prohibía terminantemente la sola mención de su nombre. De esta forma, los liberales no podían utilizar su tradicional grito de «¡Viva la Constitución!». Lejos de someterse a esa medida arbitraria, sus partidarios encontraron la forma de referirse a ella sin necesidad de mencionarla: como había sido promulgada el día 19 de marzo, festividad de San José, la bautizaron *la Pepa* y así fue como surgió el grito de «¡Viva la Pepa!» para reemplazar el de «¡Viva la Constitución!», considerado entonces subversivo.

Por supuesto, con el correr del tiempo la expresión habría de perder toda intención política para pasar a significar desenfado, regocijo y alboroto, tal como lo utilizamos actualmente, sobre todo para dar a entender que en algún lugar reina un total y completo desorden.

20. ¿Por qué en los auriculares de botón un cable es más largo que el otro?

Actualmente, casi todos los fabricantes venden los auriculares de botón con uno de sus cables más largo que el otro. El motivo es para que sea más cómoda su colocación. Por norma general, el auricular del cable más corto se pone en el oído derecho y, pasando el cable por detrás de la nuca, llevamos el más largo hasta el oído izquierdo. Esto hace que el cable no nos moleste ni se nos enganche por delante con la mano u otro objeto. Por otro lado, al tener el cable pasado por detrás de la nuca, si nos lo quitamos del oído, está la comodidad de que queden colgando sin que se deslicen o caigan al suelo.

21. El origen de la expresión «salir del armario»

El modismo «salir del armario», tan de moda actualmente, tiene un origen que se remonta a hace más de 140 años. La expresión fue utilizada por primera vez, en 1869, por Karl-Heinrich Ulrichs, pionero del movimiento de los derechos del colectivo LGBT (Lesbianas, Gays, Bisexuales y Transexuales). Con ella quería animar a los homosexuales a dar a conocer su condición y plantar cara a la sociedad ante las continuas discriminaciones que sufría este colectivo.

Dos años antes, en 1867, Ulrichs se había convertido en el primer homosexual en declararlo públicamente en un discurso ante el Congreso de Juristas Alemanes en Munich, donde solicitó una resolución para la eliminación de las leyes en contra de los homosexuales, que eran severamente perseguidos, siendo despedidos de sus empleos, desterrados y/o castigados con penas de cárcel.

22. Las primeras lentes bifocales

Se atribuye su invención a Benjamín Franklin, en 1784. Se dice que cada vez que tomaba un libro se veía obligado a cambiar sus gafas con lentes de visión lejana por otras con cristales para visión cercana y así poder leerlo. Hastiado de esta situación decidió cortar cada una de sus lentes en dos mitades horizontales y unirlas en una misma montura combinando la visión de lejos en la parte superior con la visión de cerca en la parte inferior, así cada vez que quería leer sólo tenía que bajar la vista.

23. ¿Por qué los labios son rojos?

En realidad los labios no son rojos, sino de un tono rosáceo o bermellón, de mayor o menor intensidad en unas u otras personas. El hecho de que nuestros labios tengan un tono de color diferente al del resto de nuestro rostro y/o cuerpo se debe a las finas capas de piel que lo protegen y cubren. Esto hace que muestren ese color debido a la sangre que hay en los vasos capilares bajo esa piel.

Este motivo también es el que influye para que, cuando hace mucho frío, a algunas personas se le pongan los labios de un tono azulado.

Desde hace muchos siglos se ha asociado el color de los labios de una persona con el estado de salud de ésta. Cuanto más intenso es el bermellón de los labios mejor era su salud. En la antigüedad muchas mujeres pintaban sus labios para parecer más atractivas a los hombres y/o enmascarar alguna posible falta de salud.

De ahí que, para muchas personas, puedan parecerles tan atractivos y atrayentes unos labios pintados de un rojo intenso.

24. El primer estetoscopio

A principios del siglo XIX en Francia la auscultación inmediata se practicaba apoyando el oído directamente al pecho. El procedimiento tenía varios inconvenientes, entre ellos la dificultad de percibir ruidos en pacientes obesos y el atropello al recato de las mujeres.

Algunos escritos indican que el médico francés René Théophile Hyacinthe Laënnec (1781-1826) sufría de una angustiosa timidez, cosa que le hacía casi imposible una auscultación correcta.

Cierto día de 1816, cuando contaba 35 años de edad y siendo médico jefe del hospital Necker, estaba intentando auscultar a un paciente obeso. La tarea era casi imposible y por mucho que Laënnec ponía su oído contra el pecho del enfermo no conseguía escuchar nada.

La inspiración le vino al recordar a unos niños jugando con unas tablas en la calle. El juego consistía en que uno aplicaba un oído al extremo del tablón y otro golpeaba la otra punta de la tabla. También le vino el recuerdo de que al raspar con un alfiler una tabla de madera y al poner el oído en el otro extremo era posible escuchar el ruido producido por este, así que cogió una hoja de papel, la enrolló como un tubo y probó a auscultar... Se oía mucho mejor.

Poco después fabricó un estetoscopio en madera de forma cilíndrica, con 30 centímetros de largo y tres de diámetro, más ancho en los extremos y con un canal central de 5 milímetros. Era un estetoscopio uniauricular.

En 1851 Arthur Leared inventó un estetoscopio biauricular, y en 1852 George Cammann perfeccionó el diseño del instrumento para la producción comercial, convirtiéndose el estetoscopio en el instrumento con el que identificamos la imagen estándar de los profesionales de la medicina.

25. El origen de la expresión «¡Mucha mierda!»

Esta escatológica expresión se utiliza mucho en ambientes teatrales como forma de desear suerte en la función. Hoy en día se ha extendido en otros campos y se le puede desear *mucha mierda* desde al que se va a examinar hasta a quien tiene que ir a un concurso. El origen de esta expresión tiene dos versiones muy distintas y ninguna de ellas está contrastada, así que queda a criterio del lector elegir la que más le convenga.

Por un lado nos encontramos quienes dicen que el origen de la expresión proviene de la época en la que las personas de clases pudientes acudían al teatro (en aquella época corrales de comedia) en sus coches de caballos. Al llegar a la puerta del recinto, mientras bajaban del coche, el animal hacía sus necesidades allí mismo, por lo que cuando estaba a punto de empezar la representación un miembro de la compañía se asomaba y miraba la cantidad de excremento depositada.

Cuanta más había, más gente de dinero se encontraba entre el público; algo muy importante, porque como no se cobraba entrada, su sustento dependía del dinero que, concluida la función, los espectadores lanzasen al escenario.

Los miembros de la compañía se agachaban a recoger las monedas lanzaras por el público y de ahí dicen que viene otra expresión teatral de aparente paradójico significado: «rómpete una pierna» (es decir, que tengas mucha suerte y te rompas la pierna de tantas veces que tengas que flexionarla para recoger el dinero recaudado o para saludar al público).

La otra versión especula con que el origen se remonta a la Edad Media, cuando los artistas iban con sus carromatos de pueblo en pueblo. Cuando llegaban a uno, si había mucho estiércol a la entrada, podían saber si (en función de la cantidad acumulada) en aquel momento había un mercado, feria u otro acto y merecía la pena detenerse para hacer su espectáculo. El deseo entonces, entre los compañeros de gremio, era que encontrasen mucha mierda en el siguiente pueblo, quedando la expresión abreviada que ha llegado a nuestros días.

26. ¿Por qué ruge el estómago cuando tenemos hambre?

Que vergüenza se pasa cuando estamos en un lugar silencioso y rodeados de gente y, de repente, nuestro estómago empieza a emitir unos escandalosos ruidos que hacen que deseemos que la tierra se abra y nos trague.

Nuestro estómago e intestino están en contracción continua. El primero para digerir y realizar la digestión de los alimentos que han ido a parar allí después de habérnoslos comido. El segundo para empujar hacia el interior del intestino todos los restos que después serán expulsados mediante las heces.

Este proceso se conoce como borborigmos y su peculiar sonido, parecido a un rugido, se produce sobre todo cuando ya se ha realizado la digestión y nuestro estómago está vacío de alimento, de ahí que el sonido sea más escandaloso y se asocie con la sensación de tener hambre.

27. ¿Cuál es el origen del vidrio de seguridad?

Seguro que cuando has ido a un banco te has fijado en esos gruesos vidrios de seguridad a prueba de golpes y que son prácticamente irrompibles. Actualmente los automóviles llevan ese tipo de vidrios en las ventanas y las lunas, pero son mucho más finos y aunque sí que se pueden romper, son mucho más duros que cualquier otro cristal común.

Este tipo de cristal está hecho con un material que evita que, en caso de un impacto, el cristal se rompa en mil pedazos y de ahí que primero se agrieten sin llegar a estallar.

Su inventor fue el químico francés Édouard Benedictus, quien en 1903 estaba trabajando en su laboratorio y tiró accidentalmente al suelo una botella de cristal que contenía nitrato de celulosa. Al caer el recipiente golpeó el suelo y quedó resquebrajado por completo, pero con todos sus fragmentos unidos. Al comprobar lo que contenía el frasco se dio cuenta que el nitrato de celulosa se había evaporado, formando en el interior una fina capa que era la que mantenía unidos todos los pedazos de cristal de la botella.

Este incidente le trajo a la cabeza una noticia que le había llamado la atención sobre la cantidad de heridos que se producían a causa de los cortes de los cristales de los parabrisas en los accidentes de automóvil y se dio cuenta como su descubrimiento tenía una aplicación obvia.

28. ¿Por qué cada año la Semana Santa cae en una fecha distinta?

La fecha en que se fija la celebración de la Semana Santa depende del cálculo de una fórmula establecida por el emperador romano Constantino el Grande, en el primer Concilio de Nicea, en el año 325 d.C. Cualquiera puede, en virtud de esa fórmula conocer con anticipación la fecha de la Pascua de cada ano. En primer lugar debemos hallar el equinoccio vernal o primer día de primavera en un calendario que incluya las fases lunares. Acto seguido buscamos a que día le corresponde la primera luna llena después de la entrada de la primavera (normalmente está indicada en una esquina del calendario). La Semana Santa caerá justo el domingo siguiente, (hay que tener en cuenta que el principal día de la Semana Santa para los cristianos es el Domingo de Resurrección).

El motivo del porque tiene que ser el domingo siguiente de la primera luna llena de la primavera tiene su origen en la Pascua judía, que se celebraba el 14 de Nisán. Con eso conmemoraban la salida de Egipto, y esa era la fiesta que Jesús conmemoraba con sus apóstoles en la Última Cena. El calendario judío era lunar y el 14 de Nisán siempre era la primera luna llena después del equinoccio de primavera.

De acuerdo con esta regla, la fecha más tardía posible para Semana Santa sería el domingo 25 de abril (la próxima vez que caiga en esta fecha será en el año 2038). La más temprana es el domingo 22 de marzo (la próxima en 2285). La mayoría de las veces, la Semana Santa cae durante la primera semana de abril.

29. ¿Cuál es el origen del término «rocambolesco»?

Es habitual utilizar el término «rocambolesco» para referirse a un hecho que ha sucedido de una manera inverosímil o como una aventura difícilmente creíble.

El origen de esta palabra proviene de Rocambole, el nombre del protagonista de una colección de novelas de aventuras y que se publicaron por entregas en varios diarios y revistas francesas entre los años 1857 y 1871; su autor era el aristócrata Pierre-Alexis Ponson de Terrail.

Rocambole comenzó siendo un pícaro ladrón de guante blanco que vive un sinfín de aventuras, a cuál más fantasiosa, y excesivamente artificiales. Éstas hacían las delicias de todos sus lectores, que aguardaban con impaciencia cada una de las entregas de un nuevo capítulo. Gradualmente, el escritor fue trasladando al protagonista de sus exitosas novelas desde el lado de la ilegalidad hasta convertirlo finalmente en un simpático justiciero.

Tras el fallecimiento de Ponson de Terrail en 1871, varios han sido los autores que han escrito novelas con el personaje de Rocambole como protagonista.

30. ¿Es verdad que la Torre Eiffel pudo estar en Barcelona?

Esta es una de las muchas leyendas urbanas que las nuevas tecnologías se han encargado de expandir. Si escribes en cualquier buscador las palabras Eiffel y Barcelona te aparecerán cientos de miles de resultados, en los que, en su gran mayoría, explican como el Ayuntamiento de Barcelona rechazó el proyecto de Gustave Eiffel de construir en la Ciudad Condal la famosa torre metálica de cara a la Exposición Universal que se celebraría allí el año 1888.

Pero, aparte de que no hay un solo documento oficial que verifique este dato (o al menos no se ha hecho público), los documentos acreditativos a la construcción de la Torre Eiffel en París confirman que los representantes de la Ciudad de la Luz y el ingeniero francés habían llegado a un acuerdo para construirla el 30 de marzo de 1885 y la ciudad de Barcelona no supo que sería sede de la Exposición Universal hasta el 18 de junio de ese mismo año (dos meses y medio después).

Sí consta en los archivos municipales de la Ciudad Condal los diseños, presentados en aquella misma época, por el también ingeniero francés J. Lapierre y el arquitecto catalán Pere Falqués para levantar las torres Lapierre y Condal, respectivamente, pero ambos proyectos fueron rechazados debido a la falta de presupuesto y en favor del famoso Arc del Triomf, diseñado por Josep Vilaseca i Casanovas.

Cabe destacar que parte de la confusión sobre el hipotético proyecto de Eiffel en la Barcelona de la Exposición Universal pueda deberse al hecho de que en 1929, durante la Exposición Internacional que se celebró en la Ciudad Condal, se levantó la conocida como 'Torre Jorba' (financiada por los grandes almacenes Jorba) en la entrada a la montaña de Montjuïc frente al parque de atracciones de la Foixarda y que representaba una réplica de la torre Eiffel, de 50 metros de altura, pero realizada con las letras que componían el nombre del mencionado comercio. Fue desmantelada a principios de la década de 1930, una vez clausurada la exposición.

31. ¿Qué diferencia hay entre oliva y aceituna?

Ambas se refieren al mismo concepto: el fruto del olivo o aceituno [olea europaea es su nombre científico], pero lo que las diferencia es que sus nombres tienen procedencias distintas.

Aceituna proviene del árabe hispánico azzaytúna, que derivó del árabe clásico zayt nah y éste del arameo zayt n . Por su parte, la palabra oliva procede directamente del latín. Dependiendo de la zona geográfica de España, predomina más una u otra.

Cabe destacar que alguna fuente da como respuesta a esta pregunta que la aceituna es el fruto que se utiliza para producir aceite y la oliva sólo es para el consumo, siendo esta explicación errónea, ya que no existe, como he comentado anteriormente, diferencia alguna en el producto, tan sólo en la etimología del nombre.

04. Abril

01. ¿Por qué nos da por cantar en la ducha?

Muchas personas tienen la necesidad de cantar cuando se están dando una ducha. Parece ser que al estar en ese habitáculo las paredes hacen de caja de resonancia y la percepción que tenemos es que la voz suena mucho mejor que si estuviéramos cantando en otra estancia de la casa.

Esa caja de resonancia en que se convierten las paredes de la ducha aumentan la intensidad del sonido y ese es el motivo por el que parece que tenemos una voz mucho más potente.

La reverberación hace que la voz se mantenga más tiempo en el aire tras cantar cada nota. Las notas graves se mantienen durante más tiempo en el aire que las agudas.

02. ¿Cuál es el origen de las patatas *chips?*

Las hay onduladas, con sal, artesanas, fritas con aceite de oliva, de churrería, embolsadas o apiladas en un tubo, de diferentes sabores e incluso *lights,* pero, sean como sean, las patatas chips son de esos aperitivos que desatan la gula y resulta, como más de un anunciante ha utilizado en su publicidad, imposible comerte sólo una.

Las patatas fritas *chips* tienen su origen es uno de esos descubrimientos que se producen por casualidad. Su inventor fue George Crum, a la sazón cocinero del Moon Lake Lodge, un restaurante situado en Saratoga Springs (Nueva York). Cierto día, allá por 1853, un huésped consideró que las patatas fritas que Crum le había cocinado eran demasiado gruesas para su gusto y las rechazó.

El cocinero preparó otra remesa de patatas, esta vez cortándolas algo más finas, pero el insatisfecho cliente seguía quejándose de que eran demasiado gruesas y grasientas. Finalmente, y tras ver cómo le habían devuelto varias veces el plato de patatas fritas, George Crum decidió freír unas patatas cortadas muy finamente, tanto que parecían papel de fumar; calentó el aceite al máximo y las saló más de lo común. Sabía que eso terminaría de exasperar al cliente y que este se iría al encontrarse con unas patatas imposibles de pinchar con el tenedor y demasiado saladas. El resultado no fue el esperado por Crum, ya que el cliente quedo gratamente satisfecho, haciéndoselo saber al resto de los comensales que allí se encontraban y estos pidieron que el cocinero les preparase unas patatas iguales.

A partir de entonces el Moon Lake Lodge se hizo famoso por sus *Saratoga Chips* o *Saratoga Crunch Chips*. Años después George Crum montó su propio restaurante con las patatas chips como autentica especialidad estrella de la casa. En 1895, una vez ya jubilado George Crum, William Tappendon decidió empaquetar y comercializar las patatas chips, pero no sería hasta 1920 que alcanzasen su fama mundial, ya que por entonces se inventó la maquina pela-patatas.

03. «Eres un panoli»

Panoli es un adjetivo que se suele aplicar a las personas bobas, que son fáciles de engañar, crédulas y confiadas. Existen algunas controversias en torno al origen exacto de esta palabra, ya que algunas fuentes apuntan a la expresión catalana «pa amb oli» [pan con aceite] debido a que no hay nada más simple que un trozo de pan untado en aceite.

Sin embargo la mayoría de fuentes reclaman el origen del término como valenciano, ya que en dicha comunidad existe un bollo llamado *pa en oli* [pan con aceite]. La propia Real Academia Española de la Lengua (RAE) reconoce el origen de panoli a su etimología valenciana en el diccionario e incluso podemos encontrar referencias al término en la obra valenciana *Tirant lo Blanc,* considerada como la primera novela caballeresca publicada en 1490 y que fue escrita por el valenciano Joanot Martorell.

04. ¿Cuál es el origen de la maquinilla de afeitar?

Hasta que se estrenó el siglo XX era común que todos los hombres fuesen afeitados por un barbero. Unos acudían al establecimiento y los más afortunados eran visitados por el profesional que les rasuraría el rostro con una navaja de afeitar.

Los más osados se afeitaban ellos mismos con esas navajas, muchas veces mal afiladas, lo que provocaba continuos cortes y heridas.

King Camp Gillette, un empresario estadounidense que continuamente tenía que viajar para atender sus negocios, estaba cansado de llevar la cara llena de rasguños por culpa de tener que afeitarse la mayoría de veces en el lavabo de un tren.

Ideó una cuchilla afilada y desechable tras un afeitado que incorporándola a una maquinilla ayudaba a afeitar de un modo rápido y sencillo, presentando el proyecto en la oficina de patentes (aprobado el 15 de noviembre de 1904).

Al principio los otros hombres eran reticentes al uso del nuevo invento del señor Gillette, vendiendo el primer año tan sólo medio centenar de maquinillas, pero poco a poco se fue introduciendo en casi todos los hogares, llegando a vender al cabo de muy pocos años varios millones de unidades.

La Primera Guerra Mundial sirvió para lanzar definitivamente su invento, debido a que el gobierno de los Estados Unidos adquirió para sus soldados en el frente tres millones y medio de maquinillas y más de 32 millones de cuchillas de afeitar.

05. Diferencia entre desgracia y catástrofe

En cierta ocasión, le preguntaron al primer ministro británico Benjamin Disraeli sobre la diferencia ente una desgracia y una catástrofe: «Lo entenderá usted enseguida. Si Gladstone [William Ewart Gladstone, máximo rival político de Disraeli] cayera al río Támesis y se ahogara, eso sería una desgracia. Pero si alguien lo sacara del agua, eso sería una catástrofe».

06. ¿Por qué llamamos gafe a quienes traen mala suerte?

Actualmente llamamos gafe a aquella persona que trae mala suerte (tanto para sí misma como para los que le rodean), pero antiguamente se utilizaba el término *gafo* para referirse a aquellos que padecían una enfermedad llamada gafedad, un tipo de lepra que además provoca que los dedos de la mano y, en algunas ocasiones de los pies, se encorven fuertemente.

La lepra estaba considerada como una enfermedad altamente contagiosa, por lo que no era nada aconsejable acercarse a un leproso o *gafo*, para evitar así contagiarse. Los avances médicos demostrarían que la lepra era una enfermedad infecciosa, pero de nula transmisibilidad.

De ahí que, con el pasar del tiempo, la palabra pasase de gafo a gafe y se haya acabado utilizado este término para referirse a las personas que tienen y contagian la mala suerte.

07. ¿Por qué sale vapor de las alcantarillas de Nueva York?

En las casas, pisos y oficinas de Nueva York no hay calderas para la calefacción o agua caliente, sino que ésta proviene de una empresa llamada Consolidated Edison que manda a cada edificio vapor para los radiadores. El subsuelo de Nueva York está totalmente canalizado y las tuberías cruzan la ciudad de norte a sur y de este a oeste.

En verano es posible ver salir el vapor, pues el sistema sigue funcionando, ya que ésta canalización no sólo sirve para la calefacción o el agua corriente, sino que en muchos lugares se utiliza la presión del vapor para hacer que funcionen las enormes máquinas de aire acondicionado de empresas y comercios, y también se utiliza para la limpieza y desinfección de muchos edificios.

A veces por el cambio de temperatura estas tuberías desprenden vapor (también sale por las grietas que se producen). Tanto, que incluso en muchas calles se tienen que poner unas llamativas chimeneas de color encarnado.

08. Hacer un brindis al sol

La frase «hacer un brindis al sol» se utiliza para decir que alguien está haciendo algo de cara a la galería, fanfarroneando o a sabiendas de que no va a cumplir una promesa que ha realizado.

Es una frase muy utilizada en términos políticos para indicar cuando un diputado, ministro o mandatario utiliza falsas promesas para tener contento a parte del electorado.

Pero el origen del término lo encontramos en el mundo taurino y esta frase proviene de cuando un torero dedica la faena a los espectadores que están sentados en las localidades del tendido de sol. Por norma, este tipo de asientos son ocupados por aficionados de menor poder adquisitivo, al ser localidades más baratas, y allí se mezclan personas que saben de toreo, con las que van a pasar el rato o incluso los turistas que van de paso. Los allí alojados suelen ser personas más condescendientes con el torero y su faena, y al estar muchos de ellos sólo de paso aplauden y festejan toda la lidia con más entusiasmo. Por el contrario, aquellos que suelen ocupar asiento del tendido de sombra suelen ser espectadores más expertos y estrictos, por lo que una mala o mediocre faena del torero se llevará pitos y abucheos por parte de este sector.

Cuando un torero prevé una tarde difícil, se dice que hace un brindis al sol para tener asegurado el favor de ese sector del público.

09. ¿Cuál es el origen y criterio para considerar un libro como *best seller?*

Se llama *best seller* a aquellos libros que han conseguido ser los más vendidos y que más ediciones han sacado al mercado. Al menos ese era el motivo por el que se empezó a utilizar dicho término.

Hoy en día podemos encontrar el término *best seller* impreso en un libro que ha salido ese mismo día a la venta, porque la denominación se ha convertido en una estrategia de mercado, ya que las editoriales y distribuidoras se han dado cuenta de que un libro se vende más si se afirma haber vendido muchos ejemplares (en estos casos, se suele tomar como criterio el éxito de colocación en librerías de la obra y la amplitud de la tirada de la primera edición).

La primera constancia que existe del término *best seller* para referirse a un superventas, lo encontramos en 1889 en el periódico *The Kansas Times & Star,* donde apareció en un artículo que hablaba de los libros más vendidos. Pero la popularidad del término empezó a partir del 9 de abril de 1942, cuando el diario *The New York Times* sacó un suplemento al que llamó *The New York Times Best Seller List* y en el que semanalmente publicaba la lista de los libros más vendidos y más importantes. Desde entonces esa lista se convirtió en todo un referente dentro del mundo editorial y todavía a día de hoy sigue siendo un termómetro válido para calibrar el éxito de un libro.

10. ¿Por qué los mosquitos pican a unas personas y a otras no?

Desde siempre se ha escuchado decir que la posible causa de que un mosquito que entrase en una estancia donde había varias personas y picase a unos sí y a otros no dependía de la *dulzura* de la sangre. Pero según un estudio realizado, se ha podido determinar que los mosquitos que pican (las hembras de la especie) encuentran a sus *víctimas* por el olfato y no por el gusto.

Todas las personas desprendemos unos olores corporales y son éstos los que atraen en mayor o menor grado a los insectos. Algunos olores son más atrayentes, mientras que otros son *de camuflaje,* impidiendo a los mosquitos localizar a sus víctimas.

11. El primer cambio de chaqueta

Cada vez que un político cambia de partido o incluso en alguna ocasión que un deportista ha cambiado de equipo, se suele aplicar la expresión «se ha cambiado de chaqueta».

Históricamente, el primer cambio de chaqueta (que originó el uso de dicha expresión) la realizó Carlos Manuel I, Duque de Saboya (1562-1630).

El Duque de Saboya era bien conocido por su habilidad de no mojarse políticamente e iba cambiando su apoyo a un país u otro, según le convenían las alianzas. Él mismo vestía una elegante chaqueta, que en aquellos tiempos se llamaba jubón.

Era una prenda que le cubría desde los hombros hasta la cintura y tenía la particularidad de que era reversible, ya que Carlos Manuel I había mandado que se la confeccionasen de color blanco por un lado y rojo por el otro. Según se encontraba en España o Francia, se iba cambiando la chaqueta, colocándola de un color u otro, según el país visitado, y así tenía contentos a los de un bando y otro.

12. ¿Por qué los registradores de vuelo se conocen como caja negra?

Cuando ocurre un accidente aéreo estamos acostumbrados a escuchar que se sabrá el motivo de dicho siniestro en cuanto se localice la caja negra del avión.

Una caja negra es el registrador de vuelo, el aparato en el que se graban y registran todas las conversaciones y maniobras que efectúa la nave durante todo el tiempo en el que está en marcha.

Los primeros registradores de vuelo se empezaron a usar a finales de los años 1950 y se les llamó cajas negras, denominación que perduró incluso después de que se pintasen de un llamativo color naranja claro para facilitar su localización tras un accidente.

La denominación de cajas negras proviene, al igual que en otras situaciones (como *día negro),* del momento en el que las cajas negras se hacen necesarias (es decir, porque ha sucedido un accidente aéreo).

Este objeto, al que se le otorga la virtud de la indestructibilidad, en realidad son tres cajas y se trata de un complejo mecanismo formado por una grabadora de conversaciones situada en la parte delantera del aparato, una unidad de adquisición de datos técnicos colocada en la cola del avión y que registra hasta 60 parámetros de vuelo (desde la altura que ha alcanzado a su velocidad, pasando por temperaturas, turbulencias, etc.), y una unidad grabadora en la que se registran estos datos.

Los registradores actuales emplean microcircuitos de memoria flash, capaces de almacenar datos durante varios años sin alimentación de energía. Los mejores registradores de estado sólido pueden guardar del orden de 80 MB, mucho menos que la memoria de la mayoría de cualquier ordenador personal, pero suficiente para almacenar horas de grabaciones de voces de cabina o un día completo de lecturas de los instrumentos del avión. Las más recientes cajas negras, graban el sonido de voz de toda la cabina de los pasajeros, además de la de los pilotos.

Gracias a ellas se sabe que cerca del 38% de los accidentes de aviación se produce por errores o incidencias técnicas durante la maniobra de despegue, mientras que otro 26% ocurre por causas atribuibles al momento del aterrizaje. El 75% obedece a fallos humanos, el 11% a averías y el 5% restante a condiciones meteorológicas adversas.

13. ¿Por qué en España las matrículas no tienen vocales?

En su día, cuando la Dirección General de Tráfico decidió cambiar el sistema de matriculación provincial por un modelo único para toda España (entre otras cosas para favorecer la venta de vehículos de segunda mano que anteriormente dificultaban la venta entre ciertas provincias), tomo la determinación de eliminar las vocales en las matrículas españolas por la sencilla razón de evitar acrósticos (ETA, FBI, ONG…), nombres propios (EVA, TEO, ANA…) o palabras malsonantes (ANO, PEO, PIS…).

Las consonantes que se utilizan para las matriculaciones son: B, C, D, F, G, H, J, K, L, M, N, P, R, S, T, V, W, X, Y y Z; y se eliminan la Ñ y la Q para evitar posibles confusiones con la N y la O.

Con estas combinaciones (unidas a los cuatro números) se posibilita la matriculación de 80.000.000 de vehículos (lo que al ritmo de venta actual daría para unos 40 años aproximadamente).

14. Mi media naranja

El filósofo griego Platón escribió hacia el año 380 aC., una obra titulada *El banquete* en la que Aristófanes, uno de los personajes basado en el dramaturgo de mismo nombre, hace un discurso en el que explica que los seres humanos, en un principio, eran andróginos y con forma esférica como las naranjas; teniendo un mismo cuerpo y dos caras opuestas formando un hombre-mujer. Debido a un castigo divino del dios Zeus estos seres andróginos fueron partidos en dos, quedando desde entonces separados y a la búsqueda permanente de su otra mitad.

15. ¿Es verdad que la señal SOS se utilizó por primera vez en el hundimiento del Titanic?

Son muchas las fuentes que señalan el hundimiento del Titanic el 15 de abril de 1912 como el origen de la utilización de la señal de SOS como indicativo de petición de socorro, pero, aunque sí se utilizaron durante la tragedia, no era la primera vez que se hacía. En 1906, seis años antes de acaecer dicho hundimiento, ya se había aprobado en una conferencia internacional celebrada en Berlín que la señal internacional para reclamar ayuda y socorro sería las letras SOS, reemplazando al utilizado hasta entonces: CQD [«*Come Quickly, Distress*»; vengan rápido, peligro].

La elección de las letras SOS se debió a la facilidad que resultaba comunicarlo a través del código Morse, ya que estas tres letras se retransmitían fácil e intuitivamente: « ••• — — — •••» (S: tres tonos cortos; O: tres tonos largos; S: tres tonos cortos), al contrario de CQD que era difícil de recordar y muy complejo: « — • — • — — • — — • •» (C: uno largo, uno corto, uno largo y uno corto; Q: dos tonos largos, uno corto y otro largo; D: un tono largo y dos cortos). El primer uso que se hizo de la petición de auxilio con las siglas SOS fue el 10 de junio de 1909 desde el buque de pasajeros RMS Slavonia el cual encalló y hundió en las inmediaciones de las Azores.

La popularización del hundimiento del Titanic ayudó a difundir estas siglas como llamada de socorro, pero haciendo creer erróneamente que se había originado allí. Muchos son los que creen que SOS es el acrónimo de «Save Our Souls» [salven nuestras almas], pero en realidad esas siglas no quieren decir absolutamente nada, debido a que se escogió simplemente por lo sencillo que era de recordar y retransmitir.

16. ¿Por qué los aerogeneradores son de color blanco?

Los aerogeneradores se pintan de color blanco para disminuir el impacto visual que provocan, al ser éste un color poco llamativo. No se pintan de azul, verde o marrón para conjuntarlos con la naturaleza, porque esto podría afectar a la avifauna de la zona, ya que las aves no llegarían a distinguir los aerogeneradores.

17. El medallista olímpico de más edad

Oscar Swahn, de origen sueco, a sus 72 años ganó una medalla de plata en la prueba de doble disparo al ciervo móvil por equipos. Fue en los Juegos de Amberes, celebrados en 1920. Hasta el día de hoy es la persona de mayor edad en conseguir una medalla olímpica.

Pero no fue ésta su única medalla (aunque sí la última). Anteriormente había ganado dos medallas de oro y una de bronce en los Juegos Olímpicos de Londres 1908 (con 60 años, aunque en ese momento no era el campeón olímpico más viejo, pues tenía un año menos que el británico Joshua Millner, campeón en esos mismos juegos con 61 años en la prueba de rifle a 1.000 yardas). En los Juegos Olímpicos de Estocolmo 1912, con 64 años, ganó una medalla de oro y otra de bronce y aquí ya se convirtió en el campeón olímpico de mayor edad. Falleció en 1927, a los 79 años.

18. ¿Por qué las uvas blancas no se convierten en pasas blancas?

La uva blanca, como cualquier otra fruta, se oscurece cuando se convierte en pasa debido a la oxidación de ésta. Durante la fase de sobre maduración, los granos de uva evaporan el agua lo que hace que se arruguen y tomen su característica forma. La mezcla del azúcar del fruto y el oxigeno hacen que éste se oscurezca debido al oxido.

Por eso, cualquier otra fruta que pase por ese proceso y se convierta en pasa, sea cual fuere su color, acabará tomando un tono oscuro.

19. ¿Para qué se ponen las bolas naranjas que tienen los cables de alta tensión que pasan por la carretera?

Las bolas naranjas se instalan como señalización para la navegación aeronáutica, para indicar la presencia de una línea eléctrica a los pilotos de vuelo visual como helicópteros, avionetas, ultraligeros..., que utilizan las líneas de ferrocarriles y carreteras, para su orientación.

Por este motivo las bolas sólo están instaladas en las torres y en los cruces de las líneas eléctricas con las carreteras. Los elementos que sirven para proteger a la avifauna son otros, aunque pueden parecer similares.

20. ¿Por qué se nos duermen las extremidades?

Qué extraña es la sensación de estar tranquilamente sentado y al ir a levantarnos notar que se nos ha dormido el pie o comprobar al despertar que eso mismo nos ha ocurrido con una mano, el brazo o una pierna. Ese hormigueo que sentimos en nuestra extremidad es realmente desagradable y hasta que se *despierta* estamos un rato en el que nos causa molestia.

La causa de ese adormecimiento es debido a que alguno de los nervios que por allí pasan ha quedado presionado durante un largo rato, lo que hace que no llegue suficiente riego sanguíneo y las señales que envía el cerebro hacia ese punto no sean del todo nítidas. Las personas con una mala circulación son más propensas a padecerlo.

Cada persona tiene su propio método para hacer que se le despierte antes: unos lo ponen bajo el chorro del agua fría, otros se descalzan y colocan su pie sobre la baldosa del suelo, hay quien incluso hace cruces en la palma de su mano con el dedo mojado en saliva… Pero lo mejor y recomendado por los especialistas es dejar que se relaje el nervio y la extremidad que han estado comprimidas y, en poco más de un minuto y de forma natural, se recuperará la correcta movilidad y desaparecerá el molesto cosquilleo.

21. ¿Por qué hay piedras en las vías del tren?

Las piedras que vemos en las vías del tren se llaman balasto y se utilizan para asentar la vía del tren utilizándose como si fueran un colchón que amortigua el tránsito de los trenes. Su función es la de aportar estabilidad a la vía férrea, haciendo que permanezca con la geometría dada durante su construcción. También cumple otras dos funciones importantes: distribuir las presiones que trasmite la vía al terreno, haciendo que sean admisibles para éste, y permitir el drenaje del agua de lluvia, evitando que se encharque (o inunde) y se deteriore el conjunto.

22. ¿Por qué algunas rozaduras nos provocan una ampolla y otras una herida sangrante?

El órgano más extenso que poseemos y que recubre la totalidad de nuestro cuerpo es la piel. El grosor de la misma varía según el sitio en que se encuentre, pudiendo tener entre los 0,05 mm en los párpados hasta los 4 mm en el talón y este factor es el directamente responsable de que nos salga una ampolla o una herida sangrante, algo que depende del lugar en el que se ha producido la rozadura.

Nuestra piel está compuesta por diversas capas que están una sobre la otra (epidermis, dermis, hipodermis). Nuestros pies y las palmas de las manos son las partes de nuestro cuerpo que poseen las capas más gruesas de piel, lo que provoca que, cuando tenemos un rozamiento con un calzado nuevo, estrecho o pequeño, o al utilizar una determinada herramienta (destornillador, martillo…) en lugar de salirnos directamente una herida sangrante, la parte de piel que ha recibido dicha rozadura se separe y en su interior aparezca un líquido llamado linfa.

Esa protuberancia es lo que conocemos como ampolla y el continuo rozamiento sobre este mismo punto hace que esta se reviente, provocando un endurecimiento de esa piel y aparezca lo que acaba convirtiéndose en un callo.

Si esta fricción se produjese en otras partes del cuerpo en la que el grosor de la piel es mucho más fina, en lugar de ampolla nos produciría directamente una herida (en muchas ocasiones sangrante). Un ejemplo de cómo estos rozamientos pueden terminar en heridas son las heridas que se producen en los corredores de maratón por el simple roce de su camiseta sobre su pecho (para evitarlo utilizan tiritas o vaselina).

23. ¿Por qué en la Torre de Londres siempre hay cuervos?

Si hay algo en lo que sobresalen los británicos es por el respeto a sus tradiciones, por muy antiguas que éstas sean. El motivo de que en la Torre de Londres haya cuervos es una más de la larga lista de costumbres en el Reino Unido.

En realidad, no se sabe a ciencia cierta desde cuando habitan los cuervos en la Torre de Londres, pero sí es seguro que desde el siglo XVII las aves tienen permitido permanecer oficialmente allí.

Los cuervos tienen, incluso, designada una parte del presupuesto oficial del país, en el que sus alimentos y cuidados se pagan con una partida de fondos gubernamentales, tal como ordena un Real Decreto aprobado por el rey Carlos II (1630-1685), debido a una antiquísima leyenda que trae consigo una extraña superstición y que viene siendo arrastrada desde no se sabe cuántos siglos.

Carlos II mantuvo una disputa con John Flamsteed (astrónomo real), que se quejaba de que las aves que allí residían no le permitían realizar correctamente su actividad desde el observatorio en la torre y para evitar que éste las hiciera desaparecer aprobó el decreto.

¿La razón? Dice la leyenda que la Corona Británica y la Torre de Londres caerían si los seis cuervos que allí habitan desaparecen. Desde entonces se les trata con sumo cuidado. Un *beefeater* [los tradicionales guardias de la Torre] es el encargado de estar pendientes de las aves, alimentarlas y procurar que no les falte de nada. Para evitar su marcha, a las aves se les recorta una de sus alas. Esto hace que si echan a volar no se puedan alejar mucho. Aunque la leyenda dice que deben ser seis, actualmente son ocho los cuervos que habitan en la torre, y cada uno tiene su nombre propio: Gwyllum, Hugine, Thor, Munin, Baldrick, Merlin, Erin y Marley.

24. ¿Cuál es el origen de la expresión «estar sin blanca»?

Seguro que en más de una ocasión hemos utilizado de forma coloquial la expresión «estoy sin blanca» para referirnos a que no llevamos dinero encima o estamos faltos de liquidez en ese momento.

Pues bien, dicha expresión procede de una moneda, llamada *Blanca* del Agnus Dei, que fue acuñada en el año 1386 durante el reinado de Juan I de Castilla con motivo de las guerras contra el Duque de Lancaster. El apodo obedecía a su aspecto blanquecino, ya que estaba fabricada con una aleación de plata y cobre. Con el transcurrir del tiempo, la moneda fue devaluándose y acabó siendo acuñada únicamente de cobre, siendo ínfimo su valor, por lo que alguien que no tuviese «ni blanca» estaba en la más absoluta de las ruinas.

25. ¿Beber una caña con caña emborracha más?

¿Es cierto que beberse una cerveza con una pajita aumenta su poder alcohólico? La respuesta no puede ser otra que un rotundo no. Esto forma parte de los mitos y leyendas urbanas que corren alrededor del alcohol. El único efecto que tiene tomar cualquier bebida alcohólica (incluida la cerveza) a través de una pajita o cañita, es que lo ingerimos mucho más rápido que si lo hiciésemos a tragos y directamente del vaso, de la lata o de la botella. Eso provoca que los efectos del alcohol de la bebida se noten con bastante mayor rapidez y que emborrache antes lo que no quiere decir que emborrache más.

26. ¿Cuál es la altura adecuada para llevar una mochila?

Las mochilas llevan un mecanismo en las correas (que deben ser anchas y acolchadas) para que éstas se ajusten a la espalda. La mochila no debe estar muy baja; lo ideal es que se encuentre a unos cinco centímetros sobre la cintura. Tampoco es recomendable que se lleve muy alta y debe evitarse que la parte superior de la mochila toque o repose sobre el cuello. El contenido de la mochila debe rondar el 10% del peso de la persona que ha de llevarla y en ningún caso tiene que superar el 15%. Las mochilas han de llevarse siempre por las dos correas y así el peso se distribuye por ambos hombros. Se debe evitar llevarla por una sola correa.

27. ¿Por qué al miércoles se le abrevia con una X?

En España se utiliza la abreviatura X para designar el miércoles, para evitar la confusión con el martes, que también empieza con M. En los calendarios podemos verlo en esta disposición «L M X J V S D» en vez de «L M M J V S D», lo cual nos traería más de una equivocación.

Se decidió poner una X en lugar de otra letra en honor al rey Alfonso X el Sabio, que tuvo una importante influencia en todo lo relacionado con la normalización lingüística, ortográfica y sus numerosas traducciones de manuscritos en los que se utilizaron un gran número de abreviaturas.

28. ¿Cuál es el origen de la expresión «dar calabazas» a alguien?

Es muy común ver ilustraciones en las que el mal estudiante recibe una calabaza como *recompensa* a un suspenso en un examen. A éste se le representaba con una calabaza (famosas son las historietas de Zipi y Zape dibujadas por el gran Escobar en las que estos recibían este resultado académico tan poco ortodoxo).

La calabaza también tiene un significado negativo en otros contextos; porque si hay una calabaza famosa, ésta es la Ruperta, mascota del concurso «Un, dos, tres... Responda otra vez», uno de los más famosos de la historia de la televisión en España. Era temida por los concursantes, ya que conseguirla representaba marcharse a casa sin ningún regalo.

También es famosa la expresión cuando alguien es rechazado sentimentalmente.

La connotación negativa de la calabaza podemos encontrarla ya en la Antigua Grecia, donde la calabaza era considerada como *antiafrodisíaca* y era dada para bajar o anular la libido y así evitar los escarceos amorosos.

En la Edad Media se recomendó el uso de las pipas de calabaza durante el tiempo de las oraciones como modo de alejar todos los pensamientos lascivos e impuros, algo que ayudaba a cumplir los votos de castidad.

Con los años la calabaza fue tomando dos connotaciones, y como bien explica el Diccionario de la RAE, la expresión dar calabazas a alguien significa «reprobarlo en un examen» o «desairarlo o rechazarlo cuando requiere de amores».

Antiguamente, en algunas zonas rurales de Cataluña, cuando el pretendiente no era del lugar, se le invitaba a comer a casa de la chica. Si le ofrecían fuego para el cigarrillo, significaba que la familia aceptaba el noviazgo; si se le servía un plato de calabaza, quería decir que el mozo no era bien recibido y se tenía que marchar.

Por cierto, nada tiene que ver la expresión y su origen con la calabaza como representación de Hallowen, ya que ésta viene de una antigua leyenda de origen celta en la que explica la historia de Jack *el tacaño* y como, tras engañar varias veces al Diablo, finalmente fue desterrado del infierno, condenado a vagar toda la eternidad. Para ello se alumbraba con una linterna hecha con una calabaza denominada *jack-o'-lantern* [la linterna de Jack].

29. ¿Por qué los perros persiguen a los gatos?

Los perros persiguen a los gatos, como a cualquier animal más pequeño que ellos, por puro instinto de caza. El que los gatos sean sus víctimas más habituales es porque la convivencia con los felinos es más cercana (calles, parques, etc.).

Los perros que conviven con gatos en sus casas pierden el instinto de caza hacia el gato con el que conviven, pero no así con otros desconocidos. El instinto de caza se suscita por el movimiento de la supuesta presa y, como todo instinto, se produce de forma automática. Ese impulso va *impreso* en el código genético y aunque no necesita aprendizaje, si exige maduración y desarrollo de las técnicas de caza. Es decir, un cachorro de tres meses tiene su instinto de caza, pero lo hará peor que cuando tenga dos años.

La leyenda viene por la convivencia cercana de estos dos animales. Para un perro, un gato desconocido corriendo siempre es y será una provocación.

30. ¿Por qué se inventó la caja registradora?

James Ritty, propietario de un bar, harto de que sus empleados le robasen, inventó en 1879 la caja registradora.

Cansado de que algunos de sus empleados más deshonestos metiesen la mano en el cajón del dinero, el señor Ritty ideó una máquina en la que sus trabajadores, a la hora de cobrar, debían marcar unas teclas con las diferentes operaciones que realizaban y una esfera mostraba la suma total que él, desde su posición, veía.

05. Mayo

01. ¿Por qué al inhalar gas helio se nos pone la voz más aguda?

Entre las muchísimas utilidades que tiene el gas helio está la de inflar globos que flotan en el aire (pues su densidad es menor a la combinación de gases presentes en nuestra atmósfera). Pero es muy habitual ver (sobre todo en películas) a personas inhalando este gas y a continuación escucharles con una característica voz mucho más aguda de lo normal.

Esto es debido a que el helio es, precisamente por su densidad, lo que provoca que las cuerdas vocales puedan vibrar a mayor frecuencia, pues tienen menor resistencia que superar y la velocidad del sonido en dicho gas es más de dos veces y media mayor que en el aire. Normalmente el sonido viaja a unos 344 metros por segundo a través del aire, mientras que por el helio viaja a unos 927 metros por segundo.

Aunque este efecto pueda resultar curioso, es peligroso realizarlo excesivamente, ya que el helio puede provocar asfixia.

Un gas que produce el efecto contrario es el hexafluoruro de azufre, es decir, hace la voz humana más grave al inhalarlo.

02. Donde las calles no tienen nombre

En el país del Sol Naciente las direcciones se componen de una estructura totalmente diferente a la que estamos acostumbrados a encontrar en cualquier ciudad occidental.

Esta estructura está basada en tres números, el primero de ellos indica el distrito al que pertenece la vivienda, el segundo señala la manzana y por último el tercero hace referencia al edificio o casa en cuestión.

La numeración de los edificios construidos en una misma manzana no sigue un orden lineal según su posición física en la calle sino que se numeran según el orden en el que fueron construidos.

Dependiendo de la zona de Japón el sistema puede tener ligeras variaciones, pero siempre evitando el uso de nombres de calles ya que tan sólo algunas autopistas o avenidas principales importantes los tienen. Las calles en Japón son únicamente espacios sin nombre entre las manzanas, que sí son las que están identificadas en los mapas.

Esta forma de localización, aunque puede resultar confusa a los occidentales, es ideal para los GPS por su exactitud.

03. ¿Por qué las hojas de papel se vuelven amarillas con el tiempo?

El papel está hecho de fibras de origen vegetal que se componen principalmente de celulosa blanca. Presentes en esas fibras también está una gran cantidad de una sustancia oscura que se llama lignina y que tiene una importante presencia en el papel. La exposición de la lignina al aire y la luz del sol es lo que convierte el papel blanco en amarillo, debido a un proceso de oxidación.

Cuanta mayor excelencia tiene un papel, menos lignina lleva y por lo tanto más difícil será que se amarillee. Para mejorar la calidad se utilizan tratamientos químicos que eliminarán la lignina.

El papel más económico, con mayor contenido de lignina, se utiliza para imprimir los periódicos (por eso es normal que amarillee más rápidamente) por ahorro de costes. También se utiliza para imprimir ediciones económicas de libros, como las novelas baratas que dieron lugar a un género propio en EE.UU. (la literatura *pulp,* o *pulp fiction,* que se imprimía en este tipo de papel que se deterioraba con cierta rapidez).

04. ¿Cuál fue el primer *western* de la historia del cine?

El primer *western,* o película del oeste, de la historia del cine fue la película muda rodada en 1903 *El gran robo al tren [The Great Train Robbery],* dirigida por Edwin S. Porter.

De una duración aproximada de 10 minutos y con 14 escenas, fue rodada en noviembre de 1903, no en las llanuras del oeste de Wyoming, sino en la Costa Este, en varias localizaciones de Nueva Jersey (en el estudio de Thomas Edison en Nueva York, en el Parque del Condado de Essex en Nueva Jersey, y a lo largo de la vía del tren de Lackawanna).

El film fue producido por la Edison Studios (la compañía de Thomas Edison), en la que Edwin S. Porter había trabajado como *cameraman* [operador de cámara].

05. ¿Para qué sirve la campanilla de la garganta?

El nombre técnico de la *campanilla* es úvula. Ésta es una pequeña masa carnosa que cuelga del paladar blando, por encima de la raíz de la lengua. Está formada por tejido conjuntivo y mucosa, además de tres músculos: el tensor y el elevador del paladar, y el propio músculo de la úvula.

La campanilla desempeña un papel importante en la articulación del sonido de la voz humana. Funciona en tándem con la parte posterior de la garganta, del paladar, y del aire que sube de los pulmones para crear los diferentes tipos de sonido que usamos para hablar.

06. ¿Cuál es el origen de los sellos de Correos?

Hasta 1840 cuando alguien enviaba una carta no pagaba por hacerlo, sino que lo abonaba el destinatario que la recibía y el importe a pagar era relativo a la distancia que había recorrido el envío.

Un profesor y funcionario fiscal británico llamado Rowland Hill pensó que ese modo de envío y pago que utilizaba el servicio postal era absurdo, debido a que múltiples serían las cartas que al llegar a su destino no pudiesen ser entregadas y por tanto cobradas a su destinatario, lo que le llevó a idear unas pequeñas estampas con el reverso engomidado y que representaban a la reina Victoria I y a las que bautizó como *Penny Black*.

Estos sellos se colocarían en cada carta y costarían un penique cada uno, que tendría que ser abonado por el remitente y así el envío se cobraría antes de realizarse, siendo un negocio redondo para el servicio postal. Presentó su idea a los responsables del correo británico, quienes estudiaron la viabilidad del proyecto, autorizando a emitir una primera tirada de sesenta mil sellos que se venderían conjuntamente con un folleto explicativo.

El 1 de mayo de 1840 se puso en marcha la emisión y cinco días después ya estaban circulando los primeros envíos con sellos. Sólo en el primer año se emitieron 68 millones de sellos. Como reconocimiento Rowland Hill fue nombrado Director General de Correos, se le concedió el rango de *sir* y, tras fallecer en 1879, fue enterrado en la Abadía de Westminster

07. «No hay que mezclar churras con merinas»

Éste es, posiblemente, uno de los dichos castellanos más famosos y que más combinaciones erróneas tiene a la hora de decirlo. La forma incorrecta por antonomasia confunde ambos términos y degenera en un «no mezcles los *churros* con las *meninas*».

Pero ni son churros ni son meninas los protagonistas de la expresión. Real-mente a quienes se refiere el dicho es a dos tipos diferentes de ovejas: las churras y las merinas. Las churras son unas ovejas que proporcionan una exquisita carne y una rica leche. Las merinas son famosas por la lana blanquecina y densa que dan.

Mezclar ambos tipos de oveja es un error desde el punto de vista de la productividad de estos animales, ya que el resultado que obtendríamos es un ovino cuya carne y leche no sería tan sabrosa ni una lana de tan buena calidad. Así que, como dice el dicho, lo mejor será no mezclar nada y seguir disfrutando de ambas por separado.

08. ¿Por qué el perfume Chanel Nº 5 se llama así?

La diseñadora de moda Gabrielle *Coco* Chanel decidió en mayo de 1921 hacer una incursión en el mundo de la perfumería para así ofrecer un complemento ideal y exclusivo a las mujeres que lucían sus diseños.

Para ello encargó al prestigioso creador de perfumes Ernest Beaux que le creara un perfume de mujer con olor a mujer.

Beaux le presentó una serie de fragancias numeradas. Coco Chanel eligió la quinta composición, que se convirtió en el mítico Nº 5 de Chanel.

09. Hipermnesia, el maldito don de recordar hasta el más mínimo detalle de tu vida

Muchas son las personas que, si pudiesen elegir, no dudarían en poder gozar de una buena memoria. Da mucha rabia cuando a uno se le olvidan pequeños detalles como qué es lo que cenó la noche anterior, dónde ha dejado el coche aparcado o cuándo vence el pago de un recibo.

Ahora imagina a una persona incapaz de olvidar hasta el más mínimo detalle. Alguien que tiene el don de recordar fechas concretas de su vida, a pesar de que hayan pasado quizás más de 30 años.

En la actualidad se han censado a seis personas *dotadas* con una prodigiosa memoria autobiográfica, un síndrome llamado hipermnesia, del griego *hiper* [exceso] y *mnesia* [recuerdo]).

El 9 de mayo de 2008, los neurocientíficos James McGaugh y Larry Cahill de la Universidad de California-Irvine (UCI), publicaron un importante y premiado estudio en el que se profundizaba en el síndrome y daba claros ejemplos de pruebas realizadas a personas que padecen de hipermnesia.

En el momento de realizar dicho trabajo de investigación, sólo se habían encontrado dos casos en Estados Unidos de personas con dicha facultad. Desde entonces, y hasta la fecha, se han sumado cuatro más, la última de ellas la actriz y escritora Marilu Henner, que hizo pública la noticia el 19 de diciembre de 2010 en la emisión del programa *60 minutes* de la cadena CBS.

Las pruebas realizadas a los afectados de hipermnesia demuestran que éstos son capaces de recordar hasta el detalle más insignificante al ser preguntados por una fecha concreta o al enseñarles una fotografía de cuando eran pequeños.

El hecho de recordar absolutamente todo lo vivido puede llevar a atormentar a estas personas, ya que hasta el más mínimo detalle de una mala experiencia vivida queda grabado en su prodigiosa memoria.

Un hipermnésico es capaz de recordar cómo iba vestido un día cualquiera de hace 25 años, qué desayunó, qué estudió en el colegio, los hechos históricos ocurridos, qué programas vio por la televisión o cuál era el número uno de los éxitos musicales, entre otras muchas cosas.

Pero el hecho de tener una memoria prodigiosa, donde todo lo que van viviendo se les va almacenando en el *disco duro* de su cerebro, no es sinónimo de que sean más inteligentes que otras personas. La habilidad de recordar todo lo vivido en multitud de ocasiones les aporta serios problemas. Por poner otro ejemplo, si le pedimos que piense en un coche, en ese momento por su cabeza pasan imágenes y datos de todos los coches, modelos, matriculas y colores que ha visto a lo largo de su vida. Lo mismo ocurre si se le habla de flores, árboles, etc. Cualquier cosa que haya tenido alguna relación en su vida será recordada con todo lujo de detalles.

Apenas hay referencias en la historia sobre este síndrome y las personas que lo han padecido. Uno de los casos más documentados es el de Solomon Shereshevsky, un ciudadano ruso que vivió en la primera mitad del siglo XX y cuya hipermnesia le llevó a ejercer de *memorista* por locales y tabernas de Moscú, en los que realizaba un espectáculo como si de un ilusionista se tratara.

El neuropsicólogo Alexander Romanovich Luria estudió durante tres décadas el caso de Shereshevsky, documentando el síndrome.

10. ¿Qué es el síndrome de pica?

El síndrome de pica es una patología alimentaria que consiste en el impulso irrefrenable de algunas personas por comer sustancias no destinadas al consumo humano, tales como pasta dental, jabón, detergente, preservativos, yeso, pelo, fósforos, barro, hielo, colillas de cigarro, betún para zapatos, polvo o suciedad y esmalte, entre otros.

Según los expertos, puede tener causas físicas, mentales y hasta culturales. Quienes más la padecen son niños y, en buena parte de los casos, se cura cuando alcanzan la adolescencia.

El síndrome fue bautizado con el nombre de pica, en alusión al nombre latino de la especie de las urracas *[pica pica]*, que hacen su nido con todo tipo de materiales que recogen.

Este transtorno también se conoce como alotriofagia, un término derivado de *alotrio*, que significa extraño, y *fagia,* comer.

11. Grande como los hoyos

Al rey Felipe IV le gustaba que le llamasen *el Grande.*

Tras la pérdida de Portugal, el siempre ingenioso Duque de Medinaceli dijo en cierta ocasión: «A Su Majestad le pasa como a los hoyos, que cuanta más tierra pierden, más grandes son».

12. «Cumpleaños feliz»

La tradicional canción «Cumpleaños Feliz» está considerada como «la canción más popular del mundo» según *El libro Guinness de los Récords.* En 1893, las hermanas Mildred y Patty Smith Hill, que trabajaban como maestras en un jardín de infancia en Louisville (Kentucky), escribieron un libro con canciones infantiles para niños y así podérselas cantar.

La primera canción era «Buenos Días a Todos» *[Good Morning to All],* una sencilla pieza, de fácil y pegadiza melodía, que servía para saludar por las mañanas a los niños.

Originalmente la letra decía así: *«Good morning to you / Good morning to you / Good morning, dear children / Good morning to all»* [Buenos días para ti / Buenos días para ti / Buenos días, queridos niños / Buenos días a todos].

Cierto día, con motivo del cumpleaños de una de las niñas que asistía al jardín de infancia, Patty decidió conservar la melodía y cambiar la letra de la canción por «Happy Birthday to You» [Feliz cumpleaños para ti], dando así origen a la famosa canción.

La canción se popularizó y fue pasando de boca en boca, hasta que, en 1924, se publicó en un libro de canciones de Robert Coleman, y después se hizo popularizó gracias a la radio y al cine.

Diez años después, Jessica, la menor de las hermanas Hill, demostró que la canción original era autoría de sus hermanas y en 1934 obtuvo los derechos de autor, que se gestionó a través de la empresa Summy Company.

Desde 1990 la compañía Warner adquirió los derechos, al haber comprado ese año la empresa que mantenía la titularidad hasta el momento. La transacción comercial de esa adquisición tuvo un valor estimado de cinco millones de dólares.

Tras ser adquirida por Warner, la ley de copyright de esta compañía señalaba que ésta no caducaba hasta el año 2030, por lo que, hasta entonces, cualquier uso comercial de la canción debía ser autorizado mediante el pago de los derechos correspondientes. Eso sí, no existía problema alguno en seguir cantándola en las fiestas y eventos particulares, ya dicho uso estaba exento del pago de los derechos de autor en las celebraciones privadas.

El juez federal de Los Ángeles, George H. King, dictaminó, el miércoles 22 de septiembre de 2015, que la canción «Happy Birthday to You», quedaba libre de derechos de autor para siempre, tanto para su uso comercial como privado.

13. ¿Cómo hizo desaparecer David Copperfield la Estatua de la Libertad?

En 1983 el popular y mediático mago (ilusionista quizá sería el término más certero) David Copperfield asombró al mundo entero al hacer desaparecer, con público en directo y a través de la televisión, el monumento de la Estatua de la Libertad.

El público que presenciaba el acontecimiento en directo (así como las cámaras que lo retransmitían para todo el mundo) se encontraba situado sobre una plataforma giratoria frente a la estatua y podía ver esta a través de dos columnas de luces que tenían situadas a cada lado de su ubicación. La estatua estaba rodeada por focos y sobre ella sobrevolaba un helicóptero que la iluminaba.

En un momento dado y tras la orden del mago, la cortina subió para bloquear la vista del público. La plataforma donde están situados los asistentes empezó a rotar muy lentamente hacia un lado (de manera que fue imperceptible para los presentes), quedando la estatua con las luces apagadas al tiempo que se encendían unos nuevos focos en otra plataforma.

De repente se bajó la cortina, y el público y los espectadores de televisión contemplaron atónitos cómo el monumento había desaparecido (ignorando que lo que veían era un duplicado de la iluminación que la organización del programa había colocado justo al lado de la Estatua de la Libertad). Las luces en las dos columnas están allí para cegar y confundir al público cumplieron su función y dificultaron que el público pudiese ver el truco.

Nuevamente se levantó la cortina, y la plataforma giratoria volvió a rotar a su posición inicial quedándose el público de nuevo frente de la Estatua de la Libertad. En ese momento, los focos volvieron a encenderse. Al caer el telón, allí estaba de nuevo el que probablemente es el monumento más emblemático de Nueva York.

14. El origen del corrector líquido

En un mundo en el que prácticamente todos los documentos están en soporte electrónico y corregir algo es tan fácil como pulsar una tecla, parece que el corrector líquido es algo de un pasado muy lejano. Sin embargo, hasta no hace tantos años fue algo muy utilizado por oficinistas y estudiantes.

Su inventora fue Bette Nesmith Graham (1924-1980), una mujer divorciada y madre de un hijo, que en 1946 tuvo que ponerse a trabajar para poder subsistir.

Fue contratada como secretaria en el Texas Bank and Trust y allí se dio cuenta de lo difícil que era borrar los errores cometidos a la hora de mecanografiar en los principios de las máquinas de escribir eléctricas.

Para ganarse un sobresueldo se ofreció para pintar las ventanas del banco durante sus vacaciones de verano. Se percató entonces de que los desperfectos que podía haber en los marcos de las ventanas quedaban *corregidos* tras pasarle una capa de pintura blanca.

Elaboró una mezcla casera con pintura blanca y agua y estuvo durante un tiempo probando en secreto ese líquido en los documentos de su trabajo.

Durante cinco años, y con la ayuda del profesor de química del colegio de su hijo, consiguió desarrollar en 1956 un compuesto capaz de corregir cualquier fallo en un documento sin dejar apenas rastro y secándose al instante.

Inicialmente intentó vender el invento a la empresa IBM, pero el conglomerado informático declinó la oferta, así que decidió crear su propia empresa y comercializar el producto bajo el nombre de Liquid Paper.

En 1968 el producto ya era altamente rentable y en 1979 decidió vender la empresa a Gillette Corporation por la suma de 47,5 millones de dólares. Bette Nesmith Graham falleció un año después a la edad de 56 años y el importe de la venta fue heredado por su hijo, Michael Nesmith, que donó el 50% de dicha cantidad a obras benéficas. En Europa al corrector líquido se le conoce como Tipp-ex, que era el nombre de la empresa alemana que empezó a comercializarlo en el Viejo Continente.

15. ¿Qué es ser «más chulo que un ocho»?

«Más chulo que un ocho» es una de esas expresiones coloquiales que utilizamos para decir que alguien tiene un toque chulesco, va muy bien arreglado o tiene ese cierto punto canalla que tanto gusta.

El origen de la expresión se remonta al tranvía que unía el centro de Madrid con el lugar donde se celebraba la Verbena de San Isidro. El número de este tranvía era el ocho y en su interior todos sus ocupantes viajaban vestidos de chulapos y chulapas (es decir, con el traje típico de Madrid).

Con el pasar de los años *el ocho* desaparecería, pero sigue habiendo quien es más chulo que un ocho.

16. ¿Por qué la Estatua de la Libertad es de color verde?

El color verde de la Estatua de la Libertad no se debe a ningún tipo de pintura… sino al oxido. Al estar construida por chapas de cobre, éste, con el tiempo y la humedad, fue creando una capa de oxido, llamado *cardenillo,* que dio ese color y aspecto a uno de los monumentos más famosos del mundo y símbolo de los neoyorquinos.

17. ¿Cuál es el origen de los libros de bolsillo?

El origen de los libros de bolsillo fue en 1935 a raíz del viaje que efectuó Allen Lane con motivo de la visita que realizó a Agatha Christie en Devon.

Lane era, por aquel entonces, director de la editorial The Bodley Head y estando en la estación de tren decidió comprar algo para leer durante el viaje. Se encontró con que sólo vendía periódicos, revistas y algún pesado y grueso libro victoriano, muy incomodo de transportar.

De regreso de su viaje comenzó a idear un tipo de libro que fuese tan fácil de adquirir y transportar como una cajetilla de tabaco... Ahí nació Penguin Books [libros pingüinos], una pequeña división dentro de la editorial The Bodley Head que se encargaría de la edición de libros de bolsillo. Los lugares de venta de estos libros no sólo serían las típicas librerías, sino que abarcaría también a los comercios situados en estaciones ferroviarias, estancos y cadenas de tiendas.

El verano de 1935 salieron a la venta los primeros ejemplares de libros de bolsillo de la editorial Penguin Books. Los autores elegidos fueron Ernest Hemingway, André Maurois y Agatha Christie.

Los libros iban catalogados por colores (naranja para la ficción, azul para los biográficos y verde para el suspense) y el precio de cada ejemplar era sólo de seis peniques, el mismo precio que tenía un paquete de cigarrillos.

Rápidamente los libros de bolsillo se popularizaron y en 1936 Penguin Books se independizó como editorial. Al año ya había vendido más de tres millones de ejemplares

18. ¿Por qué se llaman siameses los gemelos que nacen unidos?

Gemelos que han nacido unidos ha habido siempre, pero el término siameses surgió a partir de mediados del siglo XIX.

Comenzó a utilizarse a raíz de la fama internacional que obtuvieron los hermanos Chang y Eng Bunker, que nacieron el 11 de mayo de 1811 en Siam (actualmente Tailandia). Estaban unidos por un cartílago ubicado entre el pecho y el abdomen y vivieron unidos durante casi 63 años. Murieron con tres horas de diferencia.

En 1829, fueron descubiertos en Siam por el comerciante británico Robert Hunter y éste los exhibió como una curiosidad circense durante una gira mundial.

Amasaron una pequeña fortuna y en 1839 se instalaron a vivir en Carolina del Norte (Estados Unidos). Allí se casaron con las hermanas Adelaida y Sarah Yates con las que tuvieron 10 y 12 hijos, respectivamente.

La afición al alcohol de Chang lo condujo a un importante deterioro de su salud, sin afectar esto al organismo de Eng. La madrugada del 17 de enero de 1874 Chang fallecía a consecuencia de complicaciones tras padecer una neumonía. Su hermano «siamés» sabía que a él también le tocaría morir. Y así fue: tres horas después, Eng expiraba.

La autopsia que se les realizó reveló que Chang murió por la rotura de un aneurisma y Eng falleció por una crisis de estrés provocada por… el pánico.

19. ¿Por qué a los policías de Londres se les conoce como *bobbies?*

La ciudad de Londres no dispuso de un cuerpo de policía profesional hasta el año 1829. Muchas fueron las comisiones parlamentarias en las que se debatieron los esquemas de cómo formar un servicio metropolitano de policía. Finalmente recayó el encargo por parte del Parlamento de formar un cuerpo profesional de policía en *sir* Robert Peel, por aquel entonces ministro del Interior y que, cinco años después, sería elegido Primer Ministro británico.

Sir Robert Peel era comúnmente conocido como *Bob* y los agentes fueron rápidamente llamados *bobbies,* apodo con el que han perdurado a lo largo de estos casi 180 años de vida de la Policía Metropolitana de Londres (MET). Otro de los apodos por el que se les conoció fue el de *peelers* [peladores] en referencia al apellido del creador del cuerpo.

20. ¿Por qué la Guerra de las Naranjas se llamó así?

En 1801, entre el 20 de mayo y el 6 de junio, tuvo lugar una guerra que enfrentó a España con nuestros vecinos portugueses. ¿El motivo?

La alianza de amistad que tenía el país luso con Inglaterra, lo que obligó a los españoles a declararles la guerra, debido al tratado de amistad firmado el año anterior con Francia.

Sólo fueron 18 días de guerra en los que lo más destacado fue el momento en que el ejército español sitió la ciudad de Elvas y los soldados recogieron unas cuantas ramas de naranjas, que Manuel de Godoy, ministro de Carlos IV, hizo llegar a María Luisa de Parma, esposa del monarca y a la vez amante del político. Esta anécdota sirvió para denominar al breve conflicto bélico como la Guerra de las Naranjas.

21. ¿Por qué llamamos cura a un sacerdote?

Una de las misiones encomendadas a los religiosos, y en este caso a los sacerdotes, era la de prestar asistencia a los enfermos, desvalidos, pero sobre todo el «cuidar de las almas» de sus feligreses. La palabra cura proviene del latín *curatio* y su significado es cuidado, solicitud.

Todo parece indicar que fue sobre el año 1330 cuando se empezó a aplicar esta denominación al párroco por tener a su cargo la cura de almas (el cuidado espiritual de las personas). El sacerdote queda, pues, como médico de las almas, quien se ocupa del cuidado espiritual de sus feligreses.

22. ¿Sabías que el alfabeto hawaiano sólo tiene doce letras?

La lengua hawaiana (llamada *Olelo Hawaii*) es una de las lenguas vivas más antiguas del mundo. A pesar del resurgimiento que está teniendo en los últimos años, gracias al empeño y compromiso del gobierno estadounidense en fomentarlo y enseñarlo en las escuelas, actualmente sólo el 1% de la población lo habla, ya que el idioma predominate es el inglés (Hawai tiene aproximadamente 1.280.000 habitantes).

Hawai fue anexionado a los Estados Unidos en 1898 (tendría que esperar hasta el 21 de agosto de 1959 para ser declarado Estado de manera oficial). Una de las primeras consecuencias de la anexión fue la prohibición de utilizar la lengua en las escuelas y en la vida cotidiana. El uso del lenguaje hawaiano fue incluso vetado en las *Kamehameha* (el sistema de escuelas reservado sólo para niños descendientes de nativos).

Hasta la llegada de los colonos y misioneros, el *Olelo Hawaii* era una lengua oral y fueron estos últimos los que a mediados del siglo XIX confeccionaron un alfabeto escrito. Ellos enseñaron a los hawaianos a leer este lenguaje escrito; así podían dar a conocer el mensaje de la Biblia.

El alfabeto hawaiano consta de doce letras: cinco vocales y siete consonantes: A, E, I, O, U, H, K, L, M, N, P, W. También está el *okina* y el *kahako* (signos de puntuación que pueden cambiar la pronunciación de cada palabra).

Las vocales son pronunciadas de forma muy parecida al español (no como en inglés). La W en el lenguaje hawaiano suena como la letra V en español.

El *okina* es un símbolo que se parece a un apóstrofe ('). Se usa para separar las palabras y se encuentra sólo entre vocales. El *kahako* es un símbolo que se parece a un guión (-) y que se coloca sobre las vocales para indicar que la pronunciación de la misma se alarga un poco más de como se pronunciaría normalmente.

23 ¿Por qué somos incapaces de caminar en línea recta si cerramos los ojos?

Nuestro cuerpo no es simétrico. No poseemos dos órganos que sean idénticamente iguales. Siempre hay uno que es más grande que el otro o más ancho o más largo… Y eso último es lo que ocurre con nuestras extremidades. La medida de nuestras piernas no es exactamente igual y, aunque la diferencia en la mayoría de nosotros es prácticamente imperceptible, es suficiente como para que nuestro andar no sea del todo recto.

Por eso cuando caminamos, nuestros ojos envían las señales al cerebro para corregir nuestra trayectoria y éste envía una serie de instrucciones a nuestro sistema locomotor corrigiendo las posibles variaciones y alteraciones a la hora de caminar recto.

De ahí que si cerramos los ojos nuestras piernas no reciban las instrucciones adecuadas para andar firme y sin torcernos. Evidentemente, con un buen entrenamiento y conociendo el terreno se puede conseguir caminar recto con los ojos cerrados.

24. ¿De dónde proviene la expresión «hacer la rosca»?

Cuando decimos de alguien que está haciendo la rosca, lo que queremos decir es que está adulando a otra persona con el propósito de tratar de ganarse su confianza. La expresión original era un poco más larga e incluía la pista para entender perfectamente su significado: hacer la rosca *como los pavos*. Aludía a la costumbre de los pavos reales de desplegar su plumaje y enroscarse en torno a él, para así mostrarse más bello y atraer fácilmente a las hembras.

25. ¿Realmente las cervezas 0,0 no llevan alcohol?

Las cervezas denominadas como 0,0 no son estrictamente sin alcohol. Todas llevan algo, por poco que sea, aunque las proporciones sean pequeñísimas. El alcohol que contienen estas cervezas puede ser variado (según el fabricante), aunque el máximo es de 0,09° (algunas marcas han logrado reducirlo hasta un 0,01%).

Así que cuando las denominan como «0,0», el fabricante no está mintiendo al consumidor, sólo *omite* parte de la información del producto. Las cervezas denominadas *sin alcohol* si llevan una mayor graduación alcohólica, que oscila entre 0,6 y el 0,9%. Para distinguirse de estas se instauró la nueva denominación de 0,0.

26. ¿Cuál fue la primera secuela de la historia del cine?

En 1915 se rodó el largometraje *El nacimiento de una nación [The Birth of a Nation]* dirigido por D.W. Griffith y guión de Thomas F. Dixon, Jr. Se trata de una de las películas más famosas de la época del cine mudo y también una de las más polémicas, pues promovía la supremacía de la raza blanca y describía el supuesto heroísmo de los miembros del Ku Klux Klan.

Un año después, el propio Dixon se colocó tras la cámara y dirigió la que sería la primera secuela en la historia del cine: *La caída de una nación [The Fall of a Nation],* una historia que se basa en el ataque hacia los pacifistas y que promovía las actividades bélicas. Comercialmente, este nuevo largometraje pasó con más pena que gloria.

27. ¿Por qué en las etiquetas de los cosméticos aparecen siempre los ingredientes en inglés?

Hoy en día, cualquier producto que se pone a la venta está legislado bajo unas normas y regulaciones, normalmente internacionales. Eso incluye a los cosméticos y productos de belleza e higiene personal. Cualquiera de estos productos debe incorporar en su etiqueta todos los ingredientes que lo componen, y se hace en base a una nomenclatura universal de componentes cosméticos llamada INCI *[International Nomenclature Cosmetic Ingredients]* y que se aplica en la mayoría de los países del planeta acogidos a esta norma.

En Europa, la normativa para la regulación de los productos cosméticos se aprobó en 1976 por la entonces Comunidad Económica Europea y la nomenclatura INCI fue adoptada como norma obligatoria en la Unión Europea en 1998, regulada y controlada por la Cosmetics Europe (anteriormente denominada Colipa). En EE.UU. se aplica la misma nomenclatura desde mediados de los años 80 y está regulada por la CTFA *[Cosmetic Toiletry, and Fragrance Association]*.

28. ¿Por qué la reunión de cardenales para elegir un nuevo Papa se llama cónclave?

Como bien apunta el enunciado de la pregunta, un cónclave es la reunión que celebra el Colegio Cardenalicio para elegir al nuevo Papa de la Iglesia Católica.

El término cónclave viene de la expresión latina *cum clavis* (bajo llave) y designa este tipo de reuniones, dadas las condiciones de reclusión y máximo aislamiento del mundo exterior en que debe desarrollarse dicha elección. Este sistema de reunión a puerta cerrada se instauró tras el Segundo Concilio de Lyon (1274).

29. ¿Por qué a los cántabros se les llama cucos?

El cuco es un ave que pone sus huevos en los nidos de otros pájaros, cosa que hace que las crías sean alimentadas por unos padres adoptivos.

Entre mediados del siglo XIX y principios del XX (1850-1920, aproximadamente), los nacidos en las Vascongadas (ahora Euskadi o País Vasco) estaban exentos de hacer el servicio militar por la ley foral que les amparaba.

Por entonces el servicio militar duraba unos tres años y los quintos podían ser enviados a cumplirlo a lugares remotos como Filipinas o Cuba (hasta 1898) o a las colonias españolas en África.

Para evitarlo, muchas mujeres cántabras se trasladaban a parir a Vizcaya (a poblaciones cercanas como Baracaldo, Getxo, Portugalete, Santurce, etc.) para que sus hijos, como vascos de nacimiento, se libraran de ir al servicio militar y de ahí que los cántabros *sean* cucos... Por poner el *huevo* en *nido* ajeno.

30. El primer rascacielos construido en Europa

El primer rascacielos construido en Europa fue el Edificio Telefónica de la Gran Vía 28 de Madrid. Comenzó a construirse en 1926 y las obras finalizaron tres años después. Su arquitecto fue Ignacio Cárdenas, que proyectó el edificio en Manhattan. Su altura alcanzó los 89,30 metros y 15 plantas, convirtiéndose en el primer rascacielos construido en toda Europa.

Actualmente ocupa el puesto decimosexto en el ránking de edificios más altos de Madrid. El edificio más alto de España es la Torre Cajamadrid, que con sus 250 metros supera a las otras cuatro torres del complejo Torres Business Area (estos cuatro rascacielos del norte de Madrid son los edificios más altos de España).

31. Atelofobia, el miedo atroz a ser imperfecto

La atelofobia es una condición en la cual un individuo presenta un miedo extremo a no alcanzar la perfección en cualquiera de sus acciones, ideas o creencias.

Este temor a cualquier tipo de imperfección en su vida puede hacer que la persona que la padece se convierta en su mayor crítico con cualquier cosa que diga o haga, y temiendo continuamente, porque las cosas que realiza no están lo suficientemente bien hechas.

Este miedo a la imperfección va mucho más allá de querer hacer las cosas como mejor sea posible, ya que en los casos en que se diagnostica la atelofobia existe la condición que la convierte en una verdadera obsesión, provocando continuas relaciones fallidas y haciendo que sea prácticamente imposible funcionar en la sociedad.

Las personas que padecen atelofobia suelen ser muy inteligentes y poseen múltiples talentos y capacidades.

Normalmente, muchas personas miden sus competencias en relación a otras con unos talentos y aptitudes muy similares, pero los atelofóbicos siempre se miden con los mejores. No les sirve hacerlo bien, necesitan saber que han alcanzado la máxima perfección posible.

Esto hace que continuamente estén tratando de afinar, rehacer o mejorar algo que ya está altamente considerado por quienes les rodean.

Los síntomas de la atelofobia incluyen un alto grado de irritabilidad irracional dirigida hacia ellos mismos y en menor porcentaje hacia los demás.

El atelofóbico suele sentir un miedo atroz a no estar a la altura del objetivo que se ha marcado, lo que le provoca, en numerosas ocasiones, insomnio, sobrexcitación e incapacidad para relajarse.

06. Junio

01. El origen del carrito de la compra

El típico carro de la compra, que tan habituados estamos de ver en todos los supermercados y grandes superficies, fue inventado por Sylvan N. Godman en 1936.

El señor Godman era el propietario de una cadena de tiendas de ultramarinos de Oklahoma llamadas Standard/Piggly-Wiggly y, estando en la caja registradora de una de ellas, observo como los clientes acudían a pagar sus compras con las bolsas a medio llenar ya que estas se rompían con facilidad y, al no ser cómodas de transportar, impedían andar tranquilamente por los pasillos del comercio. Hacer la compra con bolsas de papel era costumbre en los EE.UU (y aún lo es, seguro que recuerdas haberlas visto en más de una película). Así que para evitar estos inconvenientes ideó un carro hecho con una silla plegable a la que le añadió unas ruedas y una cesta hecha de alambre.

Once años después, Godman tenía una exitosa fábrica de carros de compra que vendía a todos los comercios del país, llamada Folding Center.

02. «Hey Jude», la canción que Paul McCartney escribió para Julian Lennon

Originalmente titulada «Hey Jules», la canción fue escrita por Paul McCartney para consolar al pequeño Julian, de seis años, durante el divorcio de sus padres, John Lennon y Cynthia Powell, en 1968.

Tras componerla, McCartney decidió cambiar Jules por Jude porque pensó que sonaba mejor a la hora de interpretarla. Julian tardó cerca de veinte años en descubrir que el tema «Hey Jude» había sido escrito para él por su *tío* Paul.

03. ¿Por qué hay adoquines en las aceras de Lisboa?

Una de las muchas particularidades de la ciudad de Lisboa, así como de muchas otras poblaciones de Portugal, es su característico adoquinado de las aceras. El motivo de que gran número de calles tengan en sus aceras esos adoquines, proviene del terrible terremoto que sufrió la capital lusa en el año 1755.

Dicho seísmo se produjo a las 10 horas y 16 minutos de la mañana del Día de Todos los Santos y tuvo una magnitud entre 8,5 y 9,5 grados en la escala de Richter. El terremoto fue seguido por un maremoto y un devastador incendio que afectó a Lisboa casi en su totalidad y que se extendió a gran parte de la Península Ibérica.

Había que levantar de nuevo, casi por completo, la capital y un gran número de poblaciones portuguesas, por lo que Sebastião José de Carvalho e Mello, Marqués de Pombal y Primer Ministro del Rey José I, tomó el mando de la reconstrucción de la ciudad y diseñó una urbe hecha a su gusto y antojo.

Para abaratar costes y aprovechar recursos, el Marqués de Pombal mandó reutilizar los muros y piedras de los escombros de las construcciones venidas abajo tras la catástrofe y convertirlos en adoquines para asfaltar las aceras de las calles. De ahí partió la base para el mundialmente conocido como empedrado portugués y que tanto se popularizó a partir de mediados del siglo XIX.

04. ¿Por qué el color magenta se llama así?

El color magenta recibió su nombre en alusión a la sangre derramada en la batalla de Magenta (Italia), que tuvo lugar el 4 de junio de 1859. Tras esta batalla este color se puso de moda y comenzó a popularizarse entre la población.

En Holanda y Alemania el color magenta (uno de los colores básicos para la impresión en color de libros y revistas en cuatricromía, con el cian, el negro y el amarillo) fue registrado en el año 2000 por la empresa de telefonía móvil T-mobile (filial de Deutsche Telekom AG), no permitiendo a otras marcas utilizarlo en sus logotipos e imagen corporativa.

05. Chorizo criollo

Tras la colonización del continente americano, se comenzó a utilizar el término criollo para designar a los hijos de los colonos europeos nacidos en aquella tierra. Esta palabra de origen portuguesa venía de *crioulo* [criar].

Rápidamente se fue introduciendo en el nuevo continente costumbres y productos de la gastronomía europea, principalmente española y portuguesa, que eran los dos países dominantes en la zona.

Uno de esos productos era el chorizo español, que, con el pasar del tiempo, se fue elaborando de diferente manera a la tradicional y acabó creándose un chorizo autóctono con ciertas diferencias al exportado desde España.

A diferencia del original, este nuevo chorizo no solía estar curado y se servía asándolo en la parrilla, de ahí que también sea conocido como chorizo parrillero. Por extensión de la denominación, a este nuevo producto tan típico en la gastronomía de países como Argentina, Uruguay y Paraguay, se le otorgó el nombre de chorizo criollo.

06. ¿Cuál es el origen de la expresión «cuando seas padre comerás huevos»?

La expresión viene de los tiempos en los que la carestía de alimentos hacía que muchas familias no tuviesen apenas nada para comer. Las más afortunadas disponían de una gallina que ponía uno o dos huevos, el día que había suerte.

Estos huevos eran reservados para el cabeza y sustentador de la familia, o sea, el padre, ya que eran un aporte energético para que éste pudiese estar medianamente bien alimentado y poder trabajar en condiciones y así llevar el jornal al hogar. Como es de esperar, los hijos, que solían tener una dieta más bien pobre y pasaban bastante hambre, a la que podían, solicitaban a su madre el tan preciado huevo. De ahí que éstas les contestasen con la famosa frase de «cuando seas padre comerás huevos».

07. La principal fuente de ingresos de Tuvalu

Tuvalu (que literalmente significa en el idioma local *ocho islas)* es un pequeño país en la Polinesia formado por un archipiélago de cuatro arrecifes de coral y cinco atolones, cuyo número de habitantes no llega a los 12.000. Tiene un aeropuerto y un puerto de entrada, ambos en el atolón de Funafuti, y sólo ocho kilómetros de carretera, ninguno de los cuales está asfaltado.

La principal fuente de ingresos de Tuvalu proviene de la venta de los derechos de dominios de internet con terminación *.tv,* que vendió a DotTv, filial de Verisign, a cambio de 50 millones de dólares y un 20% de la sociedad, en un acuerdo por doce años. El éxito radica en que la gran mayoría de televisiones a nivel mundial ha comprado la dirección con este dominio. La venta generó gran polémica entre los habitantes de Tuvalu, dado que la mayoría cristiana entendía que permitir que cientos de páginas web con contenido pornográfico se valiesen del dominio local era una deshonra para el país. El dinero, sin embargo, ayudó a mejorar las infraestructuras el país.

08. ¿Por qué el cine es el Séptimo Arte?

Riccioto Canudo, escritor, poeta y crítico cinematográfico italiano, fue el primero en etiquetar al cine como Séptimo Arte en 1911.

Hasta entonces, y desde la antigüedad, se había estado etiquetando los diferentes movimientos artísticos y disciplinas, hasta quedar a principios del siglo XX en seis artes.

Canudo veía el cine como un «arte plástico en movimiento» y quiso que estuviera presente entre las diferentes disciplinas artísticas. Su influencia dentro del movimiento teórico, intelectual y artístico era muy importante, lo que llevo a que se acogiese al cine como un arte más.La lista con la nueva incorporación quedaba del siguiente modo: arquitectura, escultura, pintura, música, danza, poesía y, el recién llegado, cine.

En la antigüedad, el arte se relacionaba muy directamente con las nueve musas y cada disciplina estaba relacionada con cada una de ellas: Calíope (musa de la Poesía Épica), Clio (Historia), Erato (la Poesía Lírica), Euterpe (Música), Melpómene (Tragedia), Polimnia (el arte de la Escritura y la Pantomima), Terpsícore (Danza), Thalia (Comedia), Urano (Astronomía).

En la Edad Media, la clasificación era diferente, ya que no se distinguía el arte de la ciencia. Las artes liberales eran siete en total, divididas en dos grupos: el *trivium* (retórica, gramática y dialéctica) y el *quadrivium* (aritmética, geometría, astronomía y música). Éstas se complementaban con las artes mecánicas: arquitectura, escultura, pintura y joyería.

09. ¿De dónde viene la superstición que dice que el abrir un paraguas en un interior trae mala suerte?

Algunas personas, al llegar a casa tras un día de lluvia, dejan el paraguas abierto en la bañera para que escurra el agua. Lo hacen como un acto cotidiano y sin el más mínimo problema. Pero el asunto se complica cuando en la vivienda hay alguna persona supersticiosa que cree que ese sencillo acto puede traer consigo la mala suerte.

Desde hace varios siglos, el hecho de abrir un paraguas en un lugar interior se ha vinculado directamente con una desgracia venidera. Muchas de estas personas supersticiosas aseguran el poder maléfico de este acto, pero la gran mayoría no saben explicar el verdadero origen de esta creencia, atribuyéndolo a antiguos encantamientos y maleficios milenarios que mezclan a dioses, creencias y muerte.

Pero esas extrañas creencias andan bien lejos de la realidad, ya que, la superstición que dice que el abrir un paraguas en un interior trae mala suerte, es muchísimo más reciente (pese a que el paraguas tal y como lo tenemos conceptuado en la actualidad fue inventado en China hace aproximadamente unos 2.600 años).

Jonás Hanway fue el primer británico en usar un paraguas en la Inglaterra del siglo XVIII. Lo había adquirido en uno de sus múltiples viajes a Oriente y le agradaba su polivalente uso para resguardarse del sol y de la lluvia. Le encontró una perfecta utilidad para su retorno a

Gran Bretaña y su intempestivo clima, en el que la lluvia estaba presente gran parte del año.

El uso del paraguas se fue popularizando, llegando también hasta las clases más bajas, que tenían que cubrirse con unos modelos algo rígidos y torpes. Muchas personas, antes de salir de su casa abrían el paraguas y así accedían a la calle sin tener que mojarse e incluso lo hacían a la inversa, accediendo a la vivienda con él aún abierto.

Esto ocasionó muchos accidentes domésticos, sacando más de un ojo y provocando múltiples lesiones, lo que llevó rápidamente a la creencia que dice que el abrir un paraguas en el interior de una casa trae mala suerte.

La popularización del paraguas por todo el continente y el boca a boca hicieron el resto del trabajo, logrando hacer creer a tantísimas personas en esta superstición.

10. ¿Cuál es el origen de las reuniones de los grupos de Alcohólicos Anónimos?

Todo empezó a mediados de la década de los años 30 del pasado siglo XX, tras la abolición de la famosa Ley Seca de los Estados Unidos que prohibía el consumo de bebidas alcohólicas. Fue un periodo en el que muchísimas personas habían caído en el alcoholismo, provocando la ley el efecto contrario del deseado.

A finales de 1934 el empresario neoyorquino Bill Wilson (conocido como Bill W.) era un alcohólico que había conseguido rehabilitarse después de varios intentos para dejar de beber. Se dio cuenta que reunirse con otras personas que tenían su mismo problema y compartían sus inquietudes le ayudaba a permanecer sobrio. Ello lo llevó a viajar hasta Akron (Ohio) y conocer al Dr. Bob, quien también tenía serios problemas con la bebida. Juntos decidieron crear una asociación que diese apoyo a otros que estuviesen en su misma situación y requiriesen ayuda y apoyo. El 10 de junio de 1935 se pusieron los primeros cimientos de la que sería la comunidad mundial más importante en la ayuda a las personas alcohólicas.

11. ¿Cuál fue el primer móvil con cámara?

El 11 de junio de 1997 Philippe Kahn, el entonces co-fundador e ingeniero de la compañía de software Borland International, Inc, se encontraba en la maternidad esperando el nacimiento de su hija Sophie. Durante la espera estuvo pensando en la forma de poder fotografiar a la recién nacida y enseñar las fotos a sus amigos y familiares más lejanos. En su bolsillo llevaba una cámara digital y un teléfono móvil y fue allí y en ese momento donde ideó el primer prototipo de móvil con cámara, que fabricaría poco tiempo después.

12. El curioso origen de la marca Mercedes-Benz

La marca de automóviles alemana le debe su popular nombre a una niña de once años. La pequeña realmente no se llamaba Mercedes, ya que su verdadero nombre era Adrienne Manuela Ramona Jellinek pero en su casa todos la llamaban cariñosamente Mercedes.

Su padre era Emil Jellinek (1853-1918), un importante hombre de negocios y cónsul diplomático que sentía una verdadera pasión por las carreras automovilísticas que comenzaban a ponerse de moda en los últimos años del siglo XIX. De hecho el señor Jellinek había participado en alguna competición conduciendo un bólido de la época y bajo el pseudónimo de *Monsieur Mercédès*. Era tal su pasión por los coches que en 1900 encargó a la empresa DMG (Daimler Motoren Gesellschaft, fundada por el ingeniero alemán Gottlieb Daimler) que le fabricasen una flota de 36 coches, con una sola condición: los coches deberían llamarse Daimler-Mercedes.

Los automóviles fabricados fueron un éxito absoluto, lo que llevó a Daimler y Jellinek a firmar un acuerdo de colaboración para la fabricación de nuevos autos y la incorporación de Emil en el consejo de administración de la empresa. Curiosamente, en 1903 Emil añadió el pseudónimo familiar con el que llamaban a su hija y a los automóviles al suyo propio y pasó a llamarse Emil Jellinek-Mercedes. A raíz de esto solía bromear en infinidad de ocasiones recordando que era la primera vez en la historia que un padre adoptaba el nombre de su hija.

Se podría decir que el señor Jellinek sentía una auténtica obsesión por ese nombre ya que a un gran número de inmuebles de su propiedad los bautizó con él (Villa Mercedes I y II, Chalet Jellinek-Mercedes…).

Con los años el nombre Mercedes fue cogiendo cada vez más fuerza dentro de la empresa automovilística y cuando en 1926 (después de haber fallecido Emil) se firmó un acuerdo entre Daimler y la empresa Benz (otro de los grandes fabricantes de coches de la época que había sido fundada por Karl Friedrich Benz) la empresa resultante tomo el nombre de Mercedes-Benz, tal y como la conocemos actualmente.

13. ¿Por qué los puros habanos Montecristo se llaman así?

A mediados de los años 30 del pasado siglo, los asturianos, afincados en Cuba, Alonso Menéndez y Pepe García decidieron crear una nueva empresa cigarrera que ofreciese un producto de alta calidad.

En la fábrica, los torcedores de puros pasaban largas jornadas laborales en las que, para hacer más ameno el tiempo que estaban allí trabajando, disponían de un empleado que realizaba la tarea de leerles novelas en voz alta.

Sin lugar a dudas las aventuras de *El Conde de Montecristo* de Alejandro Dumas fue la que causó más impacto entre los trabajadores, haciendo que el lector les leyese una y otra vez el mismo libro. El rendimiento de los torcedores era espectacular a la vez que el puro que producían resultaba de primerísima calidad. Así que, en homenaje a la obra literaria, Menéndez y García decidieron bautizar su producto estrella como Montecristo.

14. «Así se las ponían a Fernando VII»

El rey Fernando VII era un gran aficionado al billar al que le gustaba jugar largas partidas que, casualmente, siempre ganaba. Sus contrincantes se sentían incapaces de ganar al monarca, no porque éste fuese mejor jugador, sino por el temor que le tenían.

En realidad, Fernando VII era un nefasto jugador de billar y a pesar de la afición que tenía por el juego, no era capaz de acertar una jugada, por sencilla que ésta fuese. La fama de Fernando VII (un rey que pasó a los anales de la historia por ser quien restauró el absolutismo, derogó la Constitución de Cádiz y se dedicó a perseguir a los liberales) hacía que sus contrincantes temiesen desairarle y se dejasen ganar.

La expresión «así se las ponían a Fernando VII» comenzó a utilizarse para referirse a las facilidades que se le da a alguien a la hora de ejecutar algún proyecto, examinarse o realizar alguna tarea sin complicación alguna.

15. A que te monto un poyo

El siglo XIX vio florecer una nueva especie de charlatanes que iban por todo tipo de lugares públicos (normalmente plazas y parques) montando su pequeña tribuna portátil desde la que dirigían a los presentes.

Normalmente, su discurso se fundamentaba en consignas políticas que atacaban a otro partido y, al ser peroratas públicas, solía ser el origen de algún que otro altercado entre los oyentes y/o el orador.

Las tribunas portátiles eran conocidas como *poyo* [del latín *podium*, podio]. De ahí que se relacionase las discusiones que se originaban con el hecho de «montar el poyo» por parte de la persona que hablaba en público, dando origen a la expresión, para referirse a ella como «montarse un follón o discusión».

El Diccionario de la RAE (Real Academia Española) admite que se utilice la palabra *pollo* para esta locución.

Por cierto, que esta tradición oratoria todavía pervive hoy en día en algunos lugares del mundo como por ejemplo en el extremo noreste de Hyde Park, en Londres, donde existe un rincón que está reservado para aquel que quiere ir y hablar en público.

Quien quiera dirigirse a los viandantes únicamente necesita llegar, colocar su tribuna, o *montar su poyo,* y dar su discurso. Este lugar es conocido como el *Speakers' Corner* [rincón del orador].

16. ¿Realmente le faltaba un brazo a Miguel de Cervantes?

Miguel de Cervantes es mundialmente conocido por su magnífica obra literaria, entre la que destaca *El ingenioso hidalgo don Quijote de la Mancha* publicada en el año 1605. Pero el célebre escritor también fue conocido por un pseudónimo que ha perdurado a través de la historia: el manco de Lepanto.

Durante la Batalla de Lepanto, Cervantes recibió tres heridas de arcabuz, un arma larga de fuego antecesora del mosquete y muy utilizada en infantería. El plomo de dos disparos le fue a parar al pecho y el tercero le dio de lleno en la mano izquierda.

Tras seis meses en el hospital, las heridas recibidas en el pecho pudieron ser curadas, pero la mano le quedó anquilosada a causa de un nervio que fue seccionado por un trozo de plomo, quedándole inutilizada de por vida. Pero jamás le fue amputada.

Cervantes se había ganado unos cuantos enemigos a lo largo de su vida, lo que propició que en ciertos círculos comenzara a ser llamado, como una burla intencionada, con el sobrenombre de el *manco de Lepanto*.

Este hecho ha propiciado que, a través de la historia, finalmente hayamos conocido al genial dramaturgo por su nombre acompañado de ese apodo. Esto creó la extraña leyenda alrededor de él que contaba que había perdido un brazo cuando le fue cortado por un turco durante la famosa batalla, motivo por el que podemos encontrar numerosas ilustraciones que representan a Cervantes con la falta de un brazo.

En la epístola que Cervantes escribió para Mateo Vázquez podemos encontrar alguna referencia a las heridas que sufrió en Lepanto:
«[...] A esta dulce sazón yo, triste, estaba / con la una mano de la espada asida, / y sangre de la otra derramaba; / el pecho mío de profunda herida sentía llagado, y la siniestra mano / estaba por mil partes ya rompida [...]».

17. El final del culebrón

La reina Isabel II era una fiel seguidora de una novela que se publicaba por entregas en el diario *La Nación*. Antonio Flores, el autor, recibió en cierta ocasión una nota de la monarca en el que le exigía que le entregará un manuscrito de la obra, para así ser la primera en conocer el final.

Muy cortésmente, este le contestó: «Majestad, lamento no poder complaceros, pero ni siquiera yo tengo idea de cómo voy a salir del enredo que he tramado. Eso sí, en cuanto lo averigüe, os lo comunicaré de inmediato».

18. La bombilla que más tiempo lleva encendida

En la estación de bomberos de Livermore (California) hay una bombilla que tan sólo consume cuatro vatios y que lleva encendida desde 1901 ininterrumpidamente.

En estos más de 110 años en los que ha permanecido encendida, sólo ha sido apagada durante un cortito periodo en el que, en 1976, fue trasladada a la nueva ubicación de la estación de bomberos.

Se ha convertido en todo un símbolo para los ciudadanos de esa población, bautizándola como «bombilla Livermore».

Una *webcam* está conectada noche y día enfocándola pudiéndose observar desde cualquier lugar del mundo a través de la dirección www.centennialbulb.org/cam.htm. Miles son los turistas que se acercan hasta la población de Livermore para ver la famosa y centenaria bombilla, a la que cada 18 de junio se le hace un homenaje por todo lo alto.

19. El origen de la pizza Margarita

Uno de los platos por excelencia en Italia es la pizza, y la elaborada con la receta Margarita es una de las más populares. Según cuenta la historia, en 1889, el por entonces rey de Italia, Humberto I de Saboya, pasó unos días de vacaciones en el Palacio Real de Capodimonte, en Nápoles, junto a su esposa la reina Margarita Teresa de Saboya.

Raffaele Esposito, conocido cocinero napolitano, fue el encargado de realizar una torta para la reina. Conocedor de los refinadísimos gustos de la monarca y del desagrado de esta por los sabores fuertes, Esposito preparó varias pizzas, pero la que más entusiasmó fue la que realizó con tres únicos ingredientes: Mozzarella, salsa de tomate y albahaca.

Esta pizza entusiasmó a la exigente reina, quien, además, se sintió especialmente agradada por la colocación de los ingredientes y preparación, ya que recordaba a la bandera italiana.

Así, en honor a tan ilustre comensal, tal plato fue bautizado como pizza Margarita.

20. ¿Cuál es el origen en la tradición de la alfombra roja?

Hoy en día, no hay acto social de relumbrón o entrega de premios que se precie que no cuente con la tradicional alfombra roja, por la que circulan los invitados más importantes. Ello es sinónimo de *glamour* y se realiza para exaltar la importancia del acto y de sus asistentes.

La primera mención en la historia en la que aparece la figura de la alfombra, es en el siglo V a.C. dentro de la tragedia Agamenón, escrita por el dramaturgo y poeta trágico Esquilo.

En ella, Clitemnestra intenta convencer a Agamenón para que camine por una alfombra. Algunas versiones de la obra indican que era roja y, sin embargo otras se decantan por decir que era púrpura; color que ha estado muy estrechamente ligado a la realeza y altas jerarquías eclesiásticas.

También nos encontramos cómo en 1821, el entonces presidente de los Estados Unidos, James Monroe fue recibido con una alfombra roja durante la visita oficial que realizó a una plantación de Georgetown (Carolina del Sur).

Pero el que podríamos señalar como origen del actual uso de la alfombra roja nos traslada a principios del siglo XX, en el que la compañía ferroviaria 20th Century Limited, inaugurada en 1902, destacó como una de las mejores y exclusivas del mundo. Los viajeros, al llegar a la estación de Grand Central en Nueva York, se encontraban con una reluciente alfombra roja por la que descendían del tren y caminaban hasta el vestíbulo (y a la inversa). Este hecho le confería un toque de exclusividad y sofisticación que el viajero sabía apreciar.

En el mundo del espectáculo la primera alfombra roja se colocó en el año 1922 con motivo de la inauguración del Egyptian Theater de Los Ángeles. No fue hasta la década de los años 40 en que tomaría la relevancia que actualmente tiene.

21. El origen de la frase «Son los mismos perros con distintos collares»

Cada vez que hay unas elecciones, en las que cambian los políticos que gobiernan, se escucha entre la población una expresión para referirse a estos: «Son los mismos perros con distintos collares»

El origen de dicha frase, algunas fuentes se la atribuyen directamente al rey Fernando VII y otras indican que, aunque se dijo y popularizó bajo su reinado, no fue dicha por el monarca sino por los cortesanos de la época.

La primera versión del origen de la expresión, y que le otorga directamente a Fernando VII la autoría de la misma, es la siguiente. Se constituyó en Madrid una milicia popular afecta a la causa revolucionaria. Tres años más tarde, con la vuelta del absolutismo, la milicia fue disuelta y se constituyó otra afecta al nuevo régimen. Poco después, el rey pasó revista al nuevo cuerpo y descubrió en él muchas caras que le eran familiares de la milicia liberal. Entonces, el monarca comentó de manera irónica: «A lo que veo son los mismos perros con distintos collares».

Esta frase quedó para la posteridad para mostrar el desencanto que produce la aparente renovación de una situación cuando en realidad se mantienen los mismos defectos y vicios que se pretendían enterrar.

Otra versión del origen de la expresión la encontramos en los *Episodios Nacionales* de Benito Pérez Galdós y concretamente en *El Grande Oriente* (1876) de la segunda serie, en el que la atribuye a un cambio de ministros que realizó Fernando VII y esa fue la frase que se dijo por parte de los cortesanos: «[...] Era natural que el nuevo Gabinete no gustase a nadie. Los tibios le tenían por exaltado, y los exaltados por tibio. Procedente, como el anterior, de la mayoría, el Gabinete Valdemoro-Feliú, representaba las mismas ideas, la propia indecisión, idéntica dependencia de manejos secretos; representaba también la debilidad frente a los alborotadores, las pedradas al coche del Rey, la tolerancia de las grandes conspiraciones y la persecución sañuda de las pequeñas. De entonces data, si no estamos equivocados, la célebre frase de los mismos perros con distintos collares [...]».

22. ¿Qué es la procrastinación?

Multitud de personas dejan para el último momento alguna tarea u obligación que deben realizar. Posiblemente, alguno de los lectores de este libro, estén leyendo estas líneas a sabiendas de que tienen otros trabajos que hacer, pero están dejándolos para más adelante.

Este sencillo hecho, que a simple vista parece inofensivo y que no puede perjudicar a nadie, puede esconder tras de sí un posible trastorno: la procrastinación, la necesidad irrefrenable de dejar casi todo lo que se hace para más adelante.

El término procastinar proviene del latín: *pro* [adelante] y *crastinus* [referente al futuro]. Aunque el concepto ya se mencionaba en los antiguos textos egipcios, griegos y romanos, no sería hasta el año 1548 cuando se incorpora en el *Oxford English Dictionary* como definición de ese comportamiento.

Las personas que padecen procrastinación, son aquellas que, con frecuencia, llegan a las tiendas cuando éstas están a punto de bajar las persianas, van a banco a pagar el recibo a última hora del último día en que se puede hacer la transacción, hacen las tareas relacionadas con sus estudios la noche antes de tener que entregarlos, reservan un hotel o las vacaciones en el último momento, etc…

La irrupción de las nuevas tecnologías y los numerosísimos *gadgets* que nos rodean han ayudado a propiciar y aumentar el número de personas que se entretienen haciendo otras cosas en lugar de cumplir con sus obligaciones.

Todos, en un momento u otro de nuestro día a día hemos realizado un acto de procrastinación, dejando aparcado un rato nuestro quehacer o trabajo (aunque haya sido por un corto espacio de tiempo).

Los especialistas señalan que son tres las causas principales del hecho de procrastinar:

- Por evasión, cuando se evita empezar una tarea por miedo al fracaso. Es un problema de autoestima.
- Por activación, cuando se posterga una tarea hasta que ya no hay más remedio que realizarla. Es un problema contrario al anterior.
- Por indecisión, típico de las personas indecisas que intentan realizar la tarea pero se pierden en pensar la mejor manera de hacerlo sin llegar a tomar una decisión.

El famoso proverbio de «No dejes para mañana lo que puedas hacer hoy» se podría aplicar y decir perfectamente a cualquier procrastinador.

23. ¿Por qué pican algunos pimientos de Padrón «e outros non»?

Los pimientos tienen la capacidad de tener un sabor picante en función de la presencia de un compuesto químico llamado capsaicina, creado por el propio pimiento como método de subsistencia y defensa contra los insectos y/o animales herbívoros.

Normalmente dicho compuesto está presente en función de la variedad de pimiento, sin embargo hay algunos tipos que pican en función del fruto. Famosos son los pimientos de Padrón, populares por ser de un tamaño pequeño, muy sabrosos y tener la posibilidad de encontrarte con uno (entre varios) que pique a horrores.

El hecho de que sólo unos cuantos piquen está relacionado directamente con los métodos de riego y falta de agua (estrés hídrico) o climatológicos (variaciones bruscas de temperatura y sobreexposición a la luz solar).

Podemos encontrarnos que, dentro de un misma cosecha, unos pimientos hayan recibido más sol, otros regados con más agua. Precisamente los que quedan a la sombra y los que menos regadío reciben son los que más posibilidades tienen de producir capsaicina y por lo tanto ser picantes.

El tiempo de cultivo de los pimientos de Padrón suele ser de mayo hasta finales del verano, pero, debido al éxito que tienen, varias son las empresas que los cultivan industrialmente a través de invernaderos y así asegurarse su venta durante todo el año.

Según los expertos, para saber distinguir cuál es el pimiento que pica, hay que fijarse en el tamaño. Los de mayor tamaño y color mate antes de freírlos, sobre todo si son más puntiagudos, son los que tienen más probabilidades de ser agresivos al paladar.

24. La caseína, el mejor remedio contra el picante de la capsaicina

Al contrario de lo que muchas personas piensan, el mejor remedio para aliviar el picor en la boca no está en beber mucha agua o comer miga de pan, sino que se encuentra en el yogur y otros productos lácteos similares, ya que estos contienen caseína, una proteína que rodea la molécula de la capsaicina, neutralizándola y volviéndola ineficaz.

25. ¿Por qué se iluminan las luciérnagas?

La luciérnaga contiene en su abdomen un compuesto orgánico llamado luciferina. Al entrar en contacto con el oxigeno que respira, éste hace una reacción de oxidación que provoca el brillo de la luciérnaga.

Las luciérnagas pueden regular el flujo de aire que entra en su abdomen y así crear una pauta intermitente. Las luciérnagas macho se iluminan para conquistar a las hembras y estas, si desean corresponder al flirteo amoroso, responden también con iluminación.

Cabe destacar que no todos los destellos de las luciérnagas son propiciados para la conquista amorosa. Se da el caso de algunas hembras que imitan las pautas de iluminación de otras especies de luciérnagas y así poder atraer a los machos, los cuales, una vez se posan a su lado, son comidos vivos por las féminas.

26. ¿Cuál es la función de los bigotes de un gato?

Una de las cosas más llamativas de los gatos son sus bigotes, que son tan largos como ancho es el animal. Pero no sólo dispone de esos bigotes, sino que sobre sus ojos y bajo la barbilla también le crecen otros pelos de características iguales.

En realidad, todos esos pelos (incluidos los del bigote) tienen una función fundamental. Cada pelo dispone de una serie de sensores que ayudan al gato a la hora de caminar a oscuras, medir el espacio de un hueco por el que se va a meter e incluso para cazar y alcanzar más fácilmente y transportar entre los dientes a su presa.

Los pelos que crecen sobre sus ojos les sirven para que, con el mínimo roce o contacto, puedan cerrarlos rápidamente como si de un autoreflejo se tratase y así quedar protegidos de cualquier agente externo que pudiese dañarlos. Los bigotes disponen en su raíz de diferentes células sensoras, las cuales se encargan de enviar a las diferentes áreas del cerebro todos los datos que captan.

27. ¿Cuál es el origen de los cajeros automáticos?

El primer cajero automático fue instalado el 27 de junio de 1967 en una sucursal del banco Barclays del distrito londinense de Enfield (al norte de la capital del Reino Unido).

Su inventor fue John Sheperd-Barron a quien se le ocurrió la idea tras encontrarse un sábado con el banco cerrado y sin poder disponer de su dinero durante el fin de semana. Ideó un tipo de máquina a la que se le pudiera introducir un cheque y ésta dispensase dinero mecánicamente. Para que la máquina pudiese detectar la autenticidad del cheque y éste pudiese ser pagado, se creó un complejo proceso que requería que el cliente pasase por la entidad bancaria y se le entregasen tantos cheques por valor de 10 libras esterlinas como éste precisase y cuya cantidad era descontada de la cuenta antes del pago. Estos cheques estaban impregnados con carbono 14, lo que hacía que al ser introducidos en el cajero, éste reconociese su autenticidad y dispensase las 10 libras.

28. «Que cada palo aguante su vela»

¿Cuántas veces utilizamos esta expresión para decir a alguien que debe asumir su responsabilidad frente a algún acto realizado, sin escudarse o culpar a otro? Su origen proviene de los ambientes marineros, ya que el *palo* al que se refiere el dicho no es otro que el madero que se encuentra en las embarcaciones y sostiene las velas. Este debe resistir los envites del viento sin ayuda alguna.

En algunos lugares, y con el paso de los años, la frase ha ido transformándose a un lenguaje coloquial del lugar, cambiando incluso parte de su estructura. Así podemos encontrar esta misma expresión dicha cómo «que cada uno aguante su vela», lo que ha llevado a pensar que la vela a la que se refiere es una vela de cera y no la de un barco, como sería lo correcto.

29. Decreto efectivo

Durante el reinado de Luis XV de Francia se puso de moda el que las damas condujesen pequeñas carrozas por las calles más frecuentadas de París y, carentes como estaban de experiencia, atropellaban a muchas personas. El rey se preocupó por ello y llamo al Conde de D'Argenson, teniente general de la policía, para que tomase las medidas necesarias para evitarlo. «Señor, dejadme hacer a mí».

Al día siguiente publicó un decreto que prohibía a las mujeres guiar caballos a no ser que su edad fuese superior a treinta años. El éxito fue milagroso, pues eran pocas las mujeres que se atrevían a confesar que superaban la treintena y la moda desapareció.

30. ¿Cuál fue el primer anuncio emitido por televisión?

El 30 de junio de 1941, a las 21:00, la WNBT de Nueva York (hoy en día WNBC) se convirtió en la primera emisora con licencia comercial para emitir programación televisiva. Su audiencia, formada por unos 4.000 aparatos de televisión que podían sintonizarla, disfrutó de un combate de boxeo amateur desde el Jamaica Arena.

Al día siguiente, el 1 de julio de 1941 a las 13:29, comenzó sus emisiones de forma regular. A las 14:30 se emitió el partido de béisbol que enfrentaba a los equipos Brooklyn Dodgers y Philadelphia Phillies.

Durante la retransmisión del partido se emitió el primer anuncio de televisión de la historia. Durante 10 segundos, en la parte inferior derecha de los televisores, apareció un cartel anunciando los Relojes Bulova, mientras que una voz en *off* leía un texto.

La empresa anunciante pagó por ese espacio publicitario la cantidad de nueve dólares (de los que cuatro obedecían a la emisión del anuncio y los otros cinco por el uso de las instalaciones).

07. Julio

01. El origen del fotomatón

Anatol Josephewitz (más tarde cambió su apellido por Josepho) emigró desde Siberia en 1909 en busca de un futuro mejor. Tenía quince años y su propósito era llegar a Bremen (Alemania) para, desde allí, coger un barco que lo llevase a América. Su primera escala fue Berlín, donde aprendió el oficio de fotógrafo y desde donde en 1912 se embarcaría con destino a Estados Unidos.

Tras un año en el nuevo continente se frustra al no encontrar empleo, decide volver a Europa y se instala en Budapest. Finalizada la Primera Guerra Mundial regresa a su Siberia natal, pero comprueba que allí no hay posibilidades de futuro, por lo que decide emprender un largo viaje atravesando Mongolia para llegar a China y, finalmente, instalarse durante unos años en Shanghái, ciudad que en ese momento era conocida como la *París del Este*.

Allí comenzó a pensar en una maquina llamada PhotoBooth [fotocabina] donde la gente se introdujera y se pudiera hacer fotografías al instante. Lo tenía todo ideado, pero le faltaba lo más importante: el capital para llevarlo a cabo.

A mediados de los años 20 llegó a Nueva York y con lo que había conseguido ahorrar y el préstamo que le realizaron algunos parientes, amigos y compatriotas que vivían en la ciudad de los rascacielos, consiguió reunir 11.000 dólares.

En septiembre de 1925 se instaló en un pequeño estudio en Broadway, entre las calles 51 y 52, y allí puso en práctica su invento. Rápidamente la gente empezó a acudir a realizarse una fotografía al instante por tan sólo 25 centavos. Crónicas de la época relataban que, en un solo día, hasta 7.500 personas llegaron a acudir al estudio fotográfico de Anatol. Entre sus ilustres clientes se encontraba el propio alcalde de la ciudad de Nueva York.

En 1927 ya contaba con dos máquinas y el negocio iba viento en popa. Fue por entonces cuando recibió la visita de Henry Morganthau, fundador de la Cruz Roja Americana y ex embajador norteamericano en Turquía, que le hizo una propuesta a Anatol que éste no pudo rechazar: 1.000.000 de dólares por las dos maquinas y la patente para los derechos de explotación en América.

El 28 de marzo de 1927, *The New York Times* recogía dicha transacción en su primera página. Pero lo que más llamó la atención fue que Anatol había decidido donar medio millón de dólares a actos de caridad y beneficencia, cosa que paradójicamente no sentó muy bien a la opinión pública, que no entendía como alguien podía deshacerse de una forma tan altruista de medio millón de dólares. Rápidamente se le tachó de comunista debido a su origen siberiano.

En 1928 decidió marcharse a vivir a Los Ángeles, vendió los derechos europeos de la patente a un consorcio británico-francés y el invento comenzó a comercializarse en el viejo continente. Fue en Francia donde la máquina tomó el nombre de fotomatón *[Photomaton]* con el que llegaría a España.

02. El origen del gazpacho

Si hay un plato típico por excelencia cuando el calor aprieta es el gazpacho.

Formas de hacer un gazpacho hay muchas, casi tantas como personas que lo elaboran. Posiblemente, el gazpacho sea una de las comidas más antiguas de la humanidad, y al tratarse de un plato tradicional no tenemos una fecha concreta en los escritos que nos relate con exactitud cuando fue *inventado* este delicioso y refrescante plato. Sin embargo, sí que podemos citar la primera referencia, que se remontan al siglo I a.C., en la que el poeta Publio Virgilio en su escrito *Égloga II* habla de un plato rural que se preparaba majando varias verduras, ajos y hierbas.

La palabra *gazpacho* viene de una voz prerromana que significa residuo, ya que el plato se preparaba con migas de pan y vegetales troceados, que generalmente habían sobrado de anteriores comidas.

03. ¿Por qué a los vendedores de droga se les conoce como «camellos»?

La existencia de narcóticos y drogas de todo tipo se remonta a todo tipo de culturas y épocas históricas. Y con ellas quienes estaban dedicados a producirlas y venderlas a sus consumidores finales.

Popularmente, al vendedor de droga a pequeña escala, se le conoce como camello, un término que da mucho a especular y cuyo origen, a ciencia cierta, resulta un tanto enigmático.

Las fuentes más fiables señalan a un par de curiosas crónicas publicadas, en el año 1926, en el diario sensacionalista *El escándalo*. En una de ellas, el periodista Luis Urbano relata la detención en Barcelona de un vendedor de cocaína (la droga de moda en aquel momento junto al opio y que era conocida como *Mademoiselle Cocó).* Dicho traficante simulaba ser jorobado y escondía toda su mercancía en una «enorme joroba de cartón» que llevaba colocada en la espalda, bajo su ropa.

Ese mismo año, y también en ese diario, otro reportero, Ángel Marsá explicaba cómo conoció en París a un traficante de opio conocido como «el camello metálico» a causa de una falsa joroba de hojalata que llevaba camuflada en la espalda.

04. ¿Por qué se nos contagia la risa?

Cuántas veces debes haber estado en algún lugar donde alguien ha soltado una sonora carcajada e inmediatamente no has podido controlar tus ansias por reírte también.

Nuestro cerebro está preparado para recibir estímulos agradables y de modo automático repetirlos. Las responsables de ello son las neuronas espejo (también llamadas neuronas especulares) que se activan cuando perciben alguna acción que considera agradable (porque nos ayuda a sentirnos mejor) de alguien de nuestro alrededor. Dichas neuronas nos ayudan a sentir empatía (la capacidad de percibir y entender qué es lo que sienten los demás) y afinidad con otras personas.

Como caso práctico, podemos poner el ejemplo de los niños pequeños. Éstos suelen imitar nuestros gestos, ponen nuestras caras, posturas… y cuando les sonríes te devuelven de inmediato una sonrisa. Lo mismo ocurre si te pones a reír a carcajadas frente a ellos, pasan muy pocos segundos para que estén riéndose como tú.

A los adultos nos ocurre exactamente lo mismo, la única diferencia con los niños es que nosotros sabemos controlar nuestros actos y emociones y nos solemos cohibir a la hora de hacer según qué cosas en un lugar público o delante de otras personas. Por eso, al escuchar una carcajada, nuestra primera reacción suele ser una sonrisa como respuesta y, si esa risa continúa y nos sentimos en un ambiente confortable y/o amigable, acabamos riéndonos del mismo modo.

Esta misma razón es la que nos hace contagiosos los bostezos, al ver llorar o sufrir a otra persona nos emociona, si oímos toser nos entran ganas de hacerlo o si alguien se rasca en nuestra presencia empieza a picarnos algo a nosotros.

05. ¿Cuál es el origen de la expresión «despedirse a la francesa»?

Cuando alguien se marcha de un lugar sin despedirse de los presentes, se suele decir que éste «se ha despedido a la francesa».

El origen del término viene de una costumbre que se popularizó entre la alta sociedad y burguesía de Francia a mediados del siglo XVIII. Esa costumbre, a la que bautizaron como *sans adieu* [literalmente, sin adiós], se realizaba cuando uno de los asistentes a una fiesta o acto social decidía marcharse. Éste debía abandonar la estancia discretamente, sin llamar la atención ni despedirse de nadie (incluyendo a los anfitriones), siendo de muy mala educación que saludase o indicase su deseo de marcharse a alguien. Con el tiempo, todo volvió a la normalidad y el uso del saludo para despedirse volvió a ponerse de moda, viéndose con malos ojos y como un acto de mala educación el irse de un lugar sin decir nada, por lo que se comenzó a aplicar la expresión «despedirse a la francesa» como alusión a aquella antigua y maleducada norma.

Paradójicamente, los franceses utilizan la expresión *filer à l'anglaise* [marcharse a la inglesa] para referirse a aquellos que escapan de un lugar y es muy utilizado, sobre todo, para referirse a los ladrones. Todo hace suponer que las continuas enemistades históricas entre franceses e ingleses llevaron a la creación y utilización de esta frase y su uso de modo despectivo.

06. ¿Por qué los gatos suelen caer de pie?

Conocida es la teoría de que los gatos aterrizan sobre sus patas al caer desde una altura considerable. Evidentemente, no siempre es así, pero sí en la mayoría de ocasiones. Todo depende desde lo alto que cae el animal.

Cuando la altura es superior a tres metros, el gato tiene casi todas las posibilidades de hacerlo sobre sus patas, pero cuando el recorrido es inferior es posible que lo haga sobre su espalda. La explicación obedece a que durante la caída, los gatos pueden realizar un giro y rotar su cuerpo. Esto posibilita que su parte delantera quede colocada para tomar contacto con el suelo, mientras que la cola hace el papel de timón, estabilizando la posición para una mejor caída sobre las patas.

El pelo de estos felinos también influye a la hora de la caída, ya que éste forma unos pliegues que ralentiza la velocidad en la que cae, como si de un pequeño paracaídas se tratase.

Cuando un gato cae de una altura menor a tres metros no dispone del tiempo suficiente para rotar y colocarse en posición de aterrizaje, causándole algún daño esta caída debido a que suele ser de espaldas.

También hay que añadir que no siempre salen indemnes tras caer sobre sus patas, ya que, si es mucha la altura, las patas no pueden absorber todo el impacto de la caída.

07. ¿Cuál es el origen de las rebajas?

A pesar de que algunas fuentes se empeñan en señalar como origen de las rebajas a la rivalidad que surgió en España, a partir de los años 40, entre los grandes almacenes Galerías Preciados y El Corte Inglés, el inicio de los importantes descuentos en los comercios hay que ubicarlo una década antes y al otro lado del Océano Atlántico.

Durante la Gran Depresión que vivió Estados Unidos, varias empresas de venta al por menor (Abraham & Strauss, Filene's, F&R Lazarus

& Co, OH y Bloomingdale's), decidieron unirse para crear la Federated Department Stores Inc., debido a la caída en picado de sus ventas, a causa de la terrible crisis que afectaba al país. Dicha conglomeración de empresas acabaría asociada con los grandes almacenes más populares de toda Norteamérica: Macy's, pasando a llamarse, a partir de 2007, Macy's Inc.

En 1929, Fred Lazarus Jr. (de la F & R Lazarus & Co) fue el primer presidente de esa recién creada sociedad de empresas y trató de dar nuevos enfoques de venta a sus productos. Para ello creó las primeras líneas de crédito, en las que se ofrecía al cliente la posibilidad de «comprar ahora y pagar más adelante». Ya entrados en los años 30, Lazarus hizo gala de su visionaria manera de revolucionar las ventas, y una de las medidas más importantes que tomó fue el pensar la forma de dar salida a toda aquella ropa que no se había vendido durante la temporada y que se quedaba almacenada.

De ahí le surgió la idea de crear unos días específicos (tras finalizar cada temporada) en el que se pusiera a la venta todo aquel género excedente. Se dio cuenta de que les saldría muchísimo más rentable deshacerse de él por un precio inferior que no quedárselo en los almacenes sin ser vendido.

Años más tarde aplicó dichas rebajas no a los productos excedentes de la temporada sino a las ventas que se realizaban los días previos a la Navidad, convenciendo en 1939 al mismísimo Franklin Delano Roosevelt para que adelantase una semana en el calendario la celebración del Día de Acción de Gracias y así disponer de más días de venta de productos y regalos navideños.

08. El toque de queda del virrey

El virrey de Perú Ambrosio O'Higgins, de origen irlandés pero al servicio de la Corona española, dispuso de un toque de queda a partir de las diez de la noche con tal de erradicar los escándalos nocturnos. Todo aquel que circulase por la calle a partir de esa hora tendría que ser arrestado y llevado al calabozo. Para ello se formaron cinco guardias con un capitán al mando de cada una de ellas.

Las órdenes del virrey eran muy claras: «Quiero que la justicia sea igual para todos. Ténganlo bien presente. Después de las diez de la noche… ¡A la cárcel todo ser viviente!».

La primera noche quiso comprobar la efectividad del servicio y salió a pasear. Se cruzó con cuatro guardias que tras reconocer al virrey lo dejaban continuar con su paseo pero al toparse con la quinta fue parado y arrestado.

Al día siguiente se le preguntó al capitán al mando de la guardia que condujo al virrey hasta el calabozo del porqué no lo dejó marchar como hicieron sus compañeros y él contestó: «La ley es la ley y yo cumplía órdenes. El Virrey dijo que a la cárcel todo ser viviente que anduviese por la calle a partir de las diez».

Los cuatro capitanes que por respeto no lo habían arrestado quedaron destituidos. La quinta ronda obtuvo un reconocimiento por su meritoria labor.

09. Su obra más valiosa

El escultor clásico Praxíteles estaba prendado de la hermosa cortesana y modelo de algunas de sus obras: Friné. Cierto día le dijo a la joven: «Ve y escoge la estatua que quieras de cuantas allí tengo». Al poco, la joven regresó gritando: «¡Fuego, fuego en el taller!». Plaxíteles exclamó: «Mi Cupido, que alguien salve mi Cupido, aunque todo lo demás se pierda». Entonces Friné se puso a reír y dijo: «Ahora ya sé que obra debería escoger: ese Cupido al que tanto hubieras lamentado perder».

10. Déjà vu, la extraña sensación de haberlo vivido antes

Es una de las sensaciones más extrañas que experimenta nuestro cerebro y de la que somos conscientes a lo largo de una milésima de segundo. Nuestro organismo es casi perfecto, pero, como todo, tiene sus pequeños fallos y el *déjà vu* [ya vivido], término por el que se conoce este hecho) es uno de ellos.

La extraña sensación que sentimos de haber vivido, visto o sentido un hecho, que nos está ocurriendo en ese momento, está provocada por una anomalía de nuestra memoria. Concretamente se debe a una pequeña actividad epiléptica que se registra en la zona del lóbulo temporal de nuestro cerebro. Ello hace que éste envíe por separado y con una milésima de segundo de diferencia (por poner un ejemplo de tiempo práctico) el mensaje de lo que estamos viendo y el de lo que sentimos en ese preciso instante, lo que hace que nuestra mente registre ese acto o momento como algo ya vivido anteriormente.

Ese pequeño chispazo hace que lo que sentimos *[déjà sentí]*, visitamos *[déjà visité]* o vivimos *[déjà vécu]* en ese instante ya lo hemos experimentado anteriormente, pero con el inconveniente de que no tenemos más datos precisos sobre esa situación, sintiendo una extraña rareza que nos desconcierta por no saber responder cuándo y cómo estuvimos en aquel lugar que, posiblemente, es la primera vez que visitamos.

El término fue acuñado por Émile Boirac en 1917, en el libro *El futuro de las ciencias psíquicas*, un ensayo en el que quería vincular la sensación de lo ya vivido con los fenómenos paranormales y parapsicológicos de los que era un gran defensor.

Evidentemente, esta pequeña anomalía que le sucede a nuestra memoria, nada tiene que ver con falsas creencias vinculadas con pseudociencias, premoniciones o absurdas videncias.

11. La curiosa historia de las polillas grises

En la Inglaterra preindustrial del siglo XIX había dos tipos diferentes de polillas moteadas: las de color gris claro y las de color gris oscuro. Las primeras predominaban en cantidad sobre las oscuras, pero, en cuestión de unos pocos años, estas últimas se impusieron en número.

A mediados del siglo XX este hecho llamó la atención de H. B. D. Kettlewell, un genetista británico que se puso a estudiar sobre el caso. Sus investigaciones lo llevaron a intentar averiguar la razón del cambio estadístico que se había producido entre la comunidad de polillas. Descubrió que en las poblaciones en las que la industrialización había desplazado otro tipo de actividades, la polilla moteada de color más claro había desaparecido casi por completo.

Sus estudios determinaron que esa evolución económica había influido de manera directa, ya que la polución, debida a las chimeneas y al carbón de las fabricas, había hecho que todo aquel paisaje se hubiese teñido de color gris y lo cual impedía camuflarse adecuadamente a las polillas claras, convirtiéndose en fácil presa de los predadores. Sin embargo, las polillas grises se habían podido mimetizar y camuflar en ese nuevo hábitat, habían encontrado un aliado para su subsistencia que les permitía reproducirse sin problemas.

12. «Vete a hacer puñetas»

Mandar a hacer puñetas a alguien es una expresión que se utiliza cuando quieres deshacerte de alguien que te es molesto y deseas que se marche, dejándote en paz.

Las puñetas son los bordados y puntillas colocadas en las bocamangas de las togas que utilizan algunos miembros de la judicatura. Su nombre procede del hecho de caer la manga sobre el puño. La confección de cada puñeta requería un largo y entretenido trabajo, por lo que mandar a alguien a hacer puñetas era sinónimo de quitárselo de encima durante un largo tiempo.

Algunas fuentes indican que el lugar donde se confeccionaban las puñetas era en los conventos apartados, por lo que se le estaba mandando a un sitio alejado y durante mucho tiempo.

Otras fuentes apuntan a que hubo un tiempo en el que este laborioso trabajo lo realizaban las presas, motivo por el que al mandar a hacer puñetas a alguien se le deseaba que fuera a la cárcel por un largo tiempo.

Y para acabar, una última hipótesis sobre el origen de esta expresión, la cual nos lleva hasta Portugal, ya que, en el país luso, *punheta* es un término coloquial para referirse a la masturbación allí, existiendo algunas frases hechas que usan el término *fazer punheta* para decir «vete a masturbarte».

13. Gerascofobia, el miedo irracional a envejecer

Irremediablemente, todas las personas tenemos que envejecer… Nacemos, crecemos, vamos adquiriendo experiencia y conocimientos y, a la misma vez, cumplimos años, mientras nuestro cuerpo va sufriendo una serie de modificaciones morfológicas y fisiológicas que nos lleva hasta el periodo de la vejez.

Afortunadamente, la esperanza de vida en los países más desarrollados, los últimos siglos ha aumentado casi tres décadas, pudiéndonos encontrar una tasa de mortalidad a principios del XIX que rondaba los 45-50 años de edad.

Todo esto forma parte del proceso natural de la vida, pero hay un colectivo de personas que llevan todo este proceso bastante mal y padecen una extraña fobia que les hace tener un miedo irracional a envejecer, estos son conocidos como gerascofóbicos.

Los afectados de gerascofobia suelen encontrarse entre las personas que ven pasar los años sin haber cumplido los objetivos que se habían marcado. Aquellos que no han alcanzado la meta marcada, que no han podido desarrollar su vocación. Normalmente, suele ir asociado con conductas narcisistas, lo que provoca un continuo intento de detener el envejecimiento a base de operaciones de estética, tintes en el cabello, ropas juveniles y actitudes en desacorde con su edad y estatus.

La gerascofobia suele ir acompañada de procesos de ansiedad, miedo y continuos pensamientos negativos que llevan al individuo a sentir autentico pavor cuando piensan en la vejez.

A menudo los gerascofóbicos padecen otras fobias y manías asociadas a su patología, entre ellas la gerontofobia, que es el miedo a las personas ancianas y, en múltiples ocasiones, viene acompañado por un sentimiento de desprecio y rechazo hacia la Tercera Edad.

14. ¿Por qué a los ladrones se les llama chorizos?

El origen de llamar popularmente chorizo a un ladrón nada tiene que ver con el rico y sabroso embutido que todos conocemos.

La razón de que se use ese término para denominar, de una manera despectiva, a los amigos de lo ajeno proviene directamente del *caló,* el idioma utilizado por el pueblo gitano y en el que podemos encontrar toda una serie de palabras para referirse a todo lo relacionado con los ladrones y el acto de robar: *chorí, choraró, choribar, chorar.*

Con el tiempo, la popularización de estas palabras y su utilización dentro del lenguaje coloquial entre la población paya, acabó transformándolas en chorizo o choricear, tal y como hoy las conocemos.

15. ¿Por qué cerramos los ojos cuando besamos en los labios?

Aunque no todo el mundo los cierra, sí es cierto que la mayoría opta por cerrar los ojos cuando besa los labios de su pareja. Pasión aparte, se trata de un acto reflejo.

Al acercar nuestro rostro al de la persona a la que queremos besar, nuestros ojos no suelen ser capaces de enfocar correctamente algo tan cercano, por lo que éstos, en un acto de autoprotección, se cierran y así se evita ver una mancha borrosa o realizar un esfuerzo por tratar de enfocar correctamente el objeto a mirar, en este caso la cara de quien estamos besando.

Evidentemente, cuando hay un componente sentimental y/o sexual en el beso, se le añade el hecho de nuestra vulnerabilidad a hacer aquello más íntimo, por lo que, el cerrar los ojos al besar, nos ayuda a estar más relajados.

16. El origen del parquímetro

En 1930, la ciudad de Oklahoma tuvo un gran expansión económica gracias al petróleo. En apenas quince años, el condado pasó de tres mil automóviles a tener cerca de medio millón de vehículos circulando por sus carreteras.

La Cámara de Comercio de la ciudad de Oklahoma nombró presidente de la Comisión de Trafico al señor Carl C. Magee, abogado y exitoso hombre de negocios, y le encomendó encontrar alguna solución para resolver el problema de aparcamiento que había en el centro de la ciudad.

Aparentemente, los aparcamientos de la zona comercial estaban siempre ocupados por los vehículos de los trabajadores de las empresas petroleras, que dejaban los autos estacionados ahí todo el día, lo que dificultaba el poder aparcar en esa zona a compradores o visitantes.

La primera medida que tomó el señor Magee fue poner unos agentes que iban marcando con tiza los neumáticos de los vehículos estacionados. Pero la complejidad del sistema hizo que poco después idease una máquina que regulaba el tiempo de estacionamiento de cada vehículo, a la vez que era una nueva vía recaudatoria para el Ayuntamiento.

El 16 de julio de 1935 se instalaban los primeros parquímetros. En total 14 a lo largo de 175 metros. Visto el éxito, en poco tiempo todo el centro estaba cubierto por estos aparatos.

El diario *The Oklahoma News,* propiedad del mismo Magee, publicó, ante el inminente estreno de los parquímetros, titulares del tipo «Este aparato trata a todos por igual», «No conoce a los favoritos» o, simplemente, «Al público le gusta».

Pero no tardó en convertirse en un invento impopular y odiado por muchos ciudadanos, que se ensañaron de forma vandálica con los elementos que les privaban de estacionar libre y gratuitamente en el centro de la ciudad.

17. ¿Por qué el acto de masturbarse se conoce como onanismo?

El término onanismo proviene del personaje bíblico Onán. En el Génesis 38 1-10 podemos encontrar el texto que nos explica que, tras el fallecimiento de su primogénito Er, Judá mandó a Onán, su segundo hijo, tomar a su cuñada Thamar y proveerla de descendencia.

Según continua el relato, Onán, no quería concebir hijo alguno con Thamar, a sabiendas de que éstos no le serían reconocidos a él sino a su difunto hermano, por lo que, al realizar el acto sexual, se retiraba antes de llegar a su fin y lo acababa manualmente, vaciándose fuera de ella.

Este hecho supuso la ofensa de Yahveh, quien quitó la vida a Onán. Desde entonces, el acto de masturbarse es conocido como onanismo.

18. ¿Por qué los aficionados del Barça celebran sus triunfos en la fuente de Canaletas?

No hay celebración de triunfo *culé* que se precie sin que sea festejado por los aficionados en la céntrica fuente de Canaletas, situada en la parte norte de las famosas Ramblas de Barcelona.

Para saber cuál es el porqué y origen que determinó que ese lugar debía ser el idóneo para tal peregrinación de aficionados, debemos trasladarnos hasta los años 30 del pasado siglo, en el que frente a la fuente se encontraba la redacción del diario deportivo *La Rambla*.

Eran tiempos en el que los transistores de radio aún no se utilizaban y, cada vez que había un partido de fútbol en el que jugaba el Barcelona (sobre todo fuera de casa), los aficionados se acercaban hasta allí, ya que los reporteros del diario recibían por teletipo toda la información sobre los encuentros y éstos colgaban una pizarra con los resultados de la jornada. Cada vez que ganaba el Barça, el lugar explotaba en júbilo y se celebraba alegremente el triunfo de su equipo.

La tradición de acudir hasta allí continuó en los tiempos en el que se empezó a utilizar el transistor y era habitual ver durante los partidos a un nutrido grupo de aficionados con sus radios pegadas al oído, mientras seguían el devenir del encuentro.

Y así hasta nuestros días en el que se ha instaurado como una tradición ir hasta allí cada vez que el Barça consigue un gran triunfo.

19. Draquecito, el antepasado del popular mojito

De todos es conocida la afición de los antiguos piratas, que surcaban los mares del Caribe, por ingerir botellas y botellas de buen ron, licor que en aquella época no estaba suficientemente destilado y era más un aguardiente que tal y como hoy conocemos a esta bebida obtenida a partir de la caña de azúcar.

Pero había quien prefería mezclar el aguardiente con otros ingredientes para que así el trago fuese más ligero. Uno de esos combinados era el *draquecito,* una bebida que contenía el mencionado aguardiente, lima, unas hojas de menta y azúcar.

Era una bebida que cumplía la función de calmar la sed a la vez de usarse como antiséptico para curar enfermedades como el escorbuto, motivo por el que se le incorporaba el zumo de la lima. La función de la menta era refrescar y el azúcar endulzaba el fuerte sabor del aguardiente.

Todo hace suponer que el nombre de *draquecito* fuese todo un homenaje a quien, allá por el siglo XVI, fue uno de sus más ilustres consumidores: el famoso corsario inglés *sir* Francis Drake. Drake degustaba dicho combinado tras cada batalla y siempre se lo preparaba uno de sus subordinados con el que compartía apellido.

Con la aparición del ron destilado, a mediados del siglo XIX, se comenzó a utilizar este licor, que le aportaba al coctel un sabor menos áspero que el que le daba el aguardiente. Fue evolucionando hasta originarse lo que hoy conocemos con el nombre de mojito, la bebida más popular del Caribe.

20. ¿Por qué cuando tenemos miedo nos llevamos las manos al rostro?

La explicación vuelve a ser que lo hacemos por un simple acto reflejo. El miedo nos provoca una reacción en la que, sin darnos cuenta, nos llevamos las manos hacia el rostro, procurando tapar los ojos, pero no del todo, porque nuestro instinto curioso nos hace querer saber qué está ocurriendo o ver cómo continua aquello que nos ha asustado.

Cuando algo nos da miedo, también solemos llevarnos la mano hacia nuestra boca. Este acto es más por contención que por el propio susto. Nos tapamos la boca para no gritar e inconscientemente lo hacemos para no asustar o llamar la atención con nuestro grito a aquellos que se encuentran cerca de nosotros.

Los psicólogos recomiendan que, ante un acto de terror, gritemos y liberemos la tensión que ello nos puede provocar.

21. Un virtuoso orador

Conocida era la virtuosa facilidad para la oratoria de William Maxwell Evarts, que fue Secretario de Estado de los EE.UU. entre 1877 y

1881. En cierta ocasión, tuvo que pronunciar un brindis tras la celebración del día de Acción de Gracias y demostró un gran ingenio ante el resto de los comensales. Para conseguir que le hiciesen caso, les dijo: «Le hemos dado toda nuestra atención a un pavo relleno de salvia, es hora de hacer caso de un sabio relleno de pavo».

22. La primera competición automovilística de la historia

El 22 de julio de 1894 tuvo lugar la que podríamos considerar como primera competición automovilística de la historia. La carrera se disputó entre Paris y Rouen con un recorrido de 127 kilómetros.

Un año antes el periodista Pierre Giffard de la revista *Le Petit Journal* organizó un evento al que bautizó con el nombre de «la carrera de carruajes sin caballos» *[Concours des Voitures sans Chevaux],* en la que se podía apuntar todo aquel que quisiera y para ello se abrió un plazo de inscripción entre diciembre de 1893 y abril de 1894.

Fueron más de un centenar los participantes inscritos, pero para poder participar primero tuvieron que pasar una serie de pruebas eliminatorias hasta la fecha en que se disputó en la competición, por lo que tan sólo 21 vehículos tomaron la salida.

Entre las extrañas normas que se pusieron para poder participar estaba la de que cada vehículo debía tener un mínimo de cuatro plazas que debían estar ocupadas por el conductor, un mecánico (que en la mayoría de casos era el constructor del auto) y dos jueces de carrera.

La competición no premiaba únicamente a quién fuese capaz de ir más rápido sino que se valoraban otros factores como la comodidad de los pasajeros durante el trayecto. El ganador de aquella primera competición automovilística fue el conde Albert de Dion que realizó el recorrido en 6 horas y 48 minutos.

Un año después, el conde de Dion organizó la famosa carrera París-Burdeos-París. El París-Rouen fue considerado como el primer *rally* de la historia.

23. ¡Tarjeta roja!

Tras diputarse un partido de cuartos de final del Mundial de fútbol de 1966 en el estadio de Wembley que enfrentó a la selección anfitriona de Inglaterra frente a la Argentina, la prensa publicó que se había amonestado a Jack y Bobby Charlton, pero sin que el árbitro indicara esto al público presente en el encuentro. Hubo bastante polémica respecto a este tema, ya que hasta entonces todas las amonestaciones a los jugadores por parte del árbitro eran de forma verbal.

Poco después, Ken Aston, árbitro inglés ya retirado, iba conduciendo su automóvil por la calle Kensington High cuando al detenerse frente a un semáforo le vino la inspiración. Amarillo: precaución, mandar calmar; rojo: peligro, expulsión. Y así lo expuso ante la Comisión de Árbitros de la FIFA, de la que era miembro.

Cuatro años después fue nombrado Presidente del Comité de Árbitros de la FIFA y durante la celebración del Mundial de Fútbol de México 1970 se adoptó, por primera vez, el uso de las tarjetas rojas y amarillas.

24. ¿Es verdad que Valle-Inclán perdió su brazo por culpa de una discusión en un café?

Cuatro años después de haberse instalado a vivir en Madrid y cuando todavía no era un dramaturgo conocido, Ramón María del Valle-Inclán solía acudir a las tertulias que se daban cita en el Café de la Montaña, situado en la céntrica Puerta del Sol.

Ocurrió el 24 de julio de 1899 y los hechos acaecieron tras una acalorada e insignificante discusión con otro de los contertulios. Ambos se enzarzaron en una pelea dialéctica que acabó con amenazas y un fuerte golpe de bastón de Manuel Bueno en el brazo izquierdo de Valle-Inclán, con tan mala fortuna que fue a parar a uno de los gemelos de la manga de la camisa a la altura de la muñeca, clavándoselo y provocándole diversas fracturas que astillaron los huesos.

La herida fue mal curada y acabó gangrenándose, por lo que, tres semanas después, tuvo que someterse a la amputación del brazo izquierdo.

25. La evidente enemistad entre Lady Astor y Winston Churchill

Conocida era la enemistad que existía entre el primer ministro británico Winston Churchill y Lady Astor, la primera mujer que ocupó un escaño en la Cámara de los Comunes del Parlamento Británico (en 1921). En cierta ocasión, mientras estaban realizando una visita oficial a los Duques de Marlborough, Lady Astor le dijo a su adversario político: «Si usted fuera mi esposo, envenenaría su té». A lo que Churchill respondió: «Señora. Si usted fuera mi esposa, me lo bebería».

26. Crisis con los neutrinos solares en la Casa Blanca

El geofísico Frank Press fue consejero científico del presidente estadounidense Jimmy Carter. Todas las mañanas, a las siete en punto, el presidente se encerraba en el despacho oval para leer la prensa. Cierto día, Press fue llamado por Carter, que había leído en el periódico el siguiente titular: «Llegan del Sol menos neutrinos de los esperados».

Tras una breve conversación entre ambos, Carter le pidió a su consejero que lo mantuviera al tanto de la situación. Tal y como salía por la puerta el científico, el asesor de Seguridad Nacional, que había estado presente en la reunión, se abalanzó sobre Frank Press y le preguntó profundamente alarmado: «Frank, ¿es esto una crisis?».

27. El primer tramposo de unos Juegos Olímpicos (de la era moderna)

Ocurrió durante los Juegos Olímpicos de St. Louis (Missouri) de 1904 en la prueba de maratón. Fred Lorz fue el primer competidor en cruzar la línea de meta y, como ganador de dicha carrera, se le premió con una corona de laurel que le colocó en la cabeza Alice Roosevelt, hija del entonces presidente norteamericano Theodore Roosevelt. Pero de inmediato fue descalificado por tramposo...

Resulta que el señor Lorz, transcurrida la mitad de la competición, empezó a encontrarse mal, así que decidió parar de correr y subirse al coche de un funcionario que pasaba por allí. Le pidió a éste que lo llevase hasta el estadio para recoger su ropa, debido a su indisposición.

Recorrieron en el automóvil los once kilómetros que aún les separaban del estadio y, una vez en la puerta, al atleta (que ya se encontraba mejor) no se le ocurrió otra genialidad que entrar corriendo al estadio olímpico y cruzar la línea de meta, según él a modo de broma.

La gente se entusiasmó a su llegada creyendo que era el legitimo ganador y él se dejo llevar por la emoción de los acontecimientos. Una vez descubierta su trampa fue despojado del galardón.

Como nota anecdótica, cabe resaltar que al año siguiente (1905), Fred Lorz ganó la maratón de Boston, esta vez sin trampa alguna.

Cabe destacar que durante largo tiempo (y hasta bien entrado el siglo XXI) la mayoría de fuentes e historiadores señalaban a Fred Lorz como el primer tramposo de la historia en unos Juegos Olímpicos (de la era moderna) y así es como figura en la mayoría de libros relacionados con el tema; motivo por el que se añadió su curiosa historia a éste. Pero en realidad debo indicar que recientemente me he enterado de la existencia de otro atleta que hizo trampas ocho años antes que Lorz. Se trata del griego Spiridon Belokas quien participó en la prueba de maratón de los Juegos Olímpicos de 1896 (los primeros de la era moderna) celebrados en Atenas entre el 6 y el 15 de abril. Belokas llegó a la meta en tercera posición, ganando la medalla de plata, pero fue descalificado poco después al descubrirse que había hecho parte del recorrido montado en un carro.

28. El origen español de la tortilla francesa

La tortilla de huevos sin más ingredientes, tal y como la conocemos, de francesa no tiene nada y su procedencia es casi tan antigua como la humanidad, haciendo suponer a muchos historiadores que, su origen, se remonta a la prehistoria. Allí donde ha habido un huevo (fuese de gallina o no) ha habido materia prima para elaborar una tortilla, por lo que ésta no tiene un origen específico en patria alguna, incluyendo a Francia.

Eso sí, fue en España donde se le empezó a llamar de ese modo y la mayoría de historiadores coinciden que fue concretamente en la provincia de Cádiz, durante la primera década del siglo XIX.

El asedio de los franceses a las poblaciones de San Fernando y Cádiz, provocó la escasez de alimentos y materia prima para cocinar (patatas, verduras, hortalizas...) pero era común, en la mayoría de las casas, poseer alguna gallina, lo que llevó a que tuviesen que acostumbrarse a cocinar tortillas sencillas y sin ningún tipo de relleno. Este hecho provocó que más adelante, cuando había crisis y no se tenía dinero para comprar alimentos, se recurriese a la tortilla «de cuando los franceses», es decir, elaborada sólo con huevo.

Con el transcurrir de los años, la expresión «de cuando los franceses» sufrió una transformación convirtiéndose en «a la francesa» y así distinguirla de la de patatas; muy típica en la gastronomía del país y que era comúnmente conocida como tortilla española.

En alguna ocasión he llegado a escuchar algunas hipótesis sobre que, el origen del término tortilla francesa, se halla en Cataluña durante la misma época mencionada anteriormente y siendo conocida como *truita de quan la guerra del francès* [tortilla de cuando la guerra del francés], pero no he encontrado suficientes evidencias y/o reseñas históricas que puedan confirmarlo.

29. «Se te ve el plumero»

Se utiliza esta frase para decir que hemos visto las intenciones (a veces malas) de alguien. El origen de la locución, y sus derivados, se remonta a la época de las Cortes de Cádiz de 1812, en la que se reconoció y reguló a las milicias nacionales; una fuerza compuesta por voluntarios dispuestos a defender los ideales progresistas. Por su parte, el bando absolutista no era partidario de dicho cuerpo. La Milicia Nacional se dividía en los cuerpos de infantería, caballería y artillería, teniendo cada uno de ellos su propio uniforme y cuyo gorro militar estaba coronado con un curioso y llamativo penacho de plumas. Este penacho de plumas destacaba en la lejanía, pudiéndose distinguir y saber a qué bando y cuerpo pertenecían sus portadores.

El origen de la expresión comenzó a utilizarse cuando en tertulias o debates políticos entre conservadores y progresistas, en un momento de la discusión se les decía a éstos últimos «a mí no me engañas, que te he visto el plumero», en clara referencia al penacho de plumas del gorro.

30. La extraña disposición de los teclados QWERTY

A más de una persona, la primera vez que se ha colocado frente a un teclado, le ha chocado ver la extraña colocación que tienen las letras y que no guarda orden alguno con respecto al alfabeto.

Los teclado tal y como los conocemos tienen el nombre de QWERTY, pero su denominación no viene de su inventor, sino de las primeras seis letras empezando por la izquierda. El motivo de que estén así colocadas fue una invención de Christopher Sholes cuando inventó la primera máquina de escribir en 1868.

En un primer intento de llevar a cabo su invento, colocó cada letra en orden alfabético en dos filas, pero se dio cuenta que, con mucha frecuencia, las teclas se trababan. Se percató de que el motivo era el mayor uso de unas letras que de otras, así que pensó una disposición aleatoria en la que estuvieran juntas letras de mucho, poco y escaso uso, lo que ayudaba a una mayor agilidad a la hora de escribir, sin trabarse el mecanismo.

Aunque, desde entonces, se ha presentado otros muchos teclados con disposiciones quizás más lógicas, la implantación del teclado QWERTY ha hecho que no tuviesen éxito alguno.

31. «Mambrú se fue a la guerra»

La popular canción infantil «Mambrú se fue a la guerra» es de origen francés y data de principios del siglo XVIII. Fueron los soldados franceses quienes la compusieron en señal de burla tras la supuesta muerte del británico duque de Marlborough en la batalla de Malplaquet, que tuvo lugar en 1709.

La canción original decía: *«Marlborough s'en va-t-en guerre. Mironton, Mironton Mirontaine, ne sais quand reviendra»* [Marlbourough se fue a la guerra. Mironton, Mironton Mirontaine, no sé cuando volverá]. En realidad el duque de Marlborough no había fallecido, sino que derrotó con su ejército a los galos y con ello la canción burlesca dejó de cantarse.

Parece ser que alguno de aquellos soldados la cantó en alguna ocasión fuera de los círculos militares, llegando a oídos de la gente de a pie y con ello el boca a boca llevó la cancioncilla hasta el Palacio de Versalles, donde una de las nodrizas al cuidado del heredero del rey Luis XVI se la cantaba al pequeño para arrullarlo.

La canción llegó a España a través de la influencia que la corona francesa tenía con los Borbones, lo que hizo difundirse rápidamente en nuestro país. Pero la difícil pronunciación convirtió de la noche a la mañana la palabra Marlborough en Mambrú, quedando así desde entonces. Tres siglos después, esta pegadiza canción sigue siendo una de las más cantadas a los pequeños.

08. Agosto

01. ¿Cuál es el origen de los dorsales en las camisetas de fútbol?

Actualmente los aficionados al fútbol (o cualquier deporte de equipo) tenemos bien asociado el número de dorsal de la camiseta con el nombre del jugador que la lleva. En la mayoría de los casos, aquel que empieza la competición con un número asignado lo lleva hasta acabar la misma y, en la mayoría de casos, hasta acabar el contrato que lo liga al club.

Desde hace unos años el nombre, apellido o incluso el apodo del jugador se coloca, normalmente, sobre el dorsal y así es mucho más fácil distinguir y reconocer al protagonista de cada jugada en todo momento.

Pero hubo un tiempo en el que no sólo no se exhibía el nombre del jugador en la camiseta, sino que ni tan siquiera se portaba número de dorsal, por lo que todos los jugadores de un mismo equipo llevaban una camiseta igual.

Hay controversia en cuanto a cuándo y dónde se produjo la primera numeración en los dorsales. Por un lado y como origen más documentado y que más años lleva explicándose, nos encontramos con la que nos dice que no fue hasta el año 1928 en el que Herbert Chapman, entrenador del Arsenal y uno de los grandes teóricos del fútbol, propuso numerar a todos los jugadores que tomaban partido en un encuentro, para así identificarlos mucho mejor.

El primer partido en el que se utilizó, disputado el 25 de agosto de 1928, fue el que enfrentaba al Wednesday (actual Sheffield Wednesday) con el Arsenal. El equipo anfitrión portaba las camisetas numeradas del 1 al 11, el visitante, en este caso el de Chapman, llevaba la numeración del 12 al 22.

Fue una norma que costó introducir, pero que poco a poco fue cogiendo fuerza, hasta que en la temporada 1939/40, la Federación Inglesa de Fútbol [*Football Association*] unificó criterios y de forma oficial mandó numerar todos los dorsales de las camisetas de todos los equipos que disputaban la liga inglesa. De ahí se fue extendiendo a otras ligas y organismos, que trasladaron la norma a otras disciplinas deportivas por equipo.

Por otro lado, la IFFHS (Federación Internacional de Historia y Estadística de Fútbol) explica en su página web que el origen de la numeración en los dorsales tuvo lugar en 1911 durante un partido de fútbol australiano que se disputó entre dos equipos locales de Sydney (Australia) y que ese mismo año, los equipos de *soccer* (como se conoce allí al fútbol) Sydney Leichardt y HMS Powerful portaban numeración en sus camisetas.

En realidad, esta segunda versión sobre el origen de los dorsales dada por la IFFHS no aporta referencia alguna donde poder seguir indagando y, sin embargo, la que se refiere a Herbert Chapman como pionero, viene largamente documentada.

02. «El que se fue a Sevilla, perdió su silla»

En realidad, la expresión está mal dicha porque debería decirse «El que se fue *de* Sevilla, perdió su silla» y su origen viene de la disputa que hubo en el siglo XV entre un tío y su sobrino al usurpar el segundo el cargo de Arzobispo de Sevilla que ostentaba su tío-abuelo Alfonso I de Fonseca, cuando éste había viajado hasta Galicia para preparar el cargo de Arzobispo de Santiago de Compostela que se le había concedido a su sobrino.

A su vuelta se encontró con el desagradable panorama de que Alfonso II de Fonseca ocupaba su lugar. Alfonso I hizo llegar su queja hasta el Papa Pío II que intervino finalmente enviando fuerza armada para reponer a su legítimo ocupante en el cargo y destituyendo a quién aprovechando la ausencia del que se había ido de Sevilla, había ocupado su silla.

03. ¿Cuál es el origen de la cuenta atrás?

«¡Tres… Dos… Uno… Cero!». Normalmente relacionamos esta cuenta con el lanzamiento de un cohete, pero la cuenta atrás no es un invento de la NASA o algún que otro centro de investigación espacial, sino que su origen y popularidad proviene de un largometraje del año 1929 de Fritz Lang, titulado *Die Frau im Mond* [La Mujer en la Luna].

Preguntado por ese recurso, el propio Lang explicó en una entrevista: «Si empezamos a contar a partir de uno, no sabremos cuándo terminar. Pero si empezamos desde diez hacia atrás, todos sabrán que la cuenta acabará en cero. Eso da un dramatismo inusitado a la escena».

Ese conteo descendente sería después aplicado por otros directores en muchísimas películas y, lo que es más interesante, a los lanzamientos reales, con lo que debemos a Lang el suspense que se produce cada vez que se pone en marcha la carrera espacial, enviando naves o satélites al espacio.

04. El buen negocio de Jeanne Calment

En 1965, André Francois Raffray contaba con 47 años y creía estar haciendo el negocio de su vida. Notario de profesión, propuso a la señora Jeanne Calment, nacida en 1875 y que entonces tenía 90 años, pagarle una renta mensual de 2.500 francos (381 euros actuales, aproximadamente) hasta el día del fallecimiento de esta, a cambio de su vivienda, en lo que podríamos calificar como una hipoteca inversa.

Jeanne Calment vivía en un céntrico piso en la localidad francesa de Arlés en la Costa Azul. Esta nonagenaria había enviudado en 1942 de Fernand Calment, perdido a su única hija Yvonne en 1934 e incluso a su nieto Frédéric, fallecido a causa de un accidente automovilístico en 1963. Al no tener descendencia ni familia directa, accedió a firmar el acuerdo con el notario Raffray. Este calculaba que la anciana viviría como máximo unos 10 años más (hasta los 100) y él tendría un céntrico y formidable piso por poco más de 300.000 francos (45.734 euros al cambio actual).

Pero el destino en algunas ocasiones juega malas pasadas e hizo que la señora Calment se convirtiera en el ser humano más longevo de la historia, llegando a vivir hasta los 122 años, dos años más que André Francois Raffray, que murió el día de Navidad de 1995 a la edad de 77 años.

La viuda de éste tuvo que seguir pagando durante los dos años siguientes la cantidad acordada por su marido.

Jeanne Calment no falleció hasta el 4 de agosto de 1997.

Hay que destacar la curiosidad de que la señora Calment pasó una gran parte de esos 22 años ingresada en una residencia para ancianos, estando el piso vacío durante todo ese tiempo y por el que recibió la cantidad aproximada de 660.000 francos (100.616 euros).

En su larga vida, Jeanne Calment vivió infinidad de cosas y sucesos. Con sólo diez años acudió al funeral de Víctor Hugo y con catorce tuvo la oportunidad de conocer en persona a Vincent Van Gogh, ya que este acudía a comprar lápices de colores a la tienda del padre de Jeanne y del que en cierta ocasión dijo del pintor «[…] era un tipo sucio, desagradable y mal vestido».

Dejó de fumar a los 117 años. Con 114 participó en el largometraje de Michael Rubbo, sobre el pintor holandés, *Vincent and me*, en la que se interpretaba a sí misma (lo que la convirtió en la actriz más anciana de la historia).

05. ¿Por qué algunas mujeres orientales se tapan la boca al reír?

El hecho de que algunas mujeres orientales se tapen la boca con la mano a la hora de reír, es una costumbre adquirida como acto reflejo y, por lo tanto, herencia cultural directa de lo que hacían sus antepasadas.

Antiguamente, en una gran parte de Asia Oriental (en el este y sureste asiático, sobre todo Japón) existía la costumbre de teñir la dentadura de las mujeres. Este acto era conocido como *ohaguro* [dientes negros]. En un principio, sobre el siglo VIII, se realizaba entre las mujeres de clase alta y era una forma de indicar que había llegado a la edad adulta, pero nueve siglos después la costumbre ya era realizada por mujeres de todas las condiciones sociales como símbolo de que estaban casadas.

El tinte del *ohaguro* se realizaba con óxido de hierro, *sake* y té. No era un teñido permanente, lo que obligaba a tener que pintárselo continuamente.

No a todas las mujeres les gustaba la costumbre del tintado de dientes, por lo que algunas de ellas, cada vez que debían abrir la boca, la cubrían con su mano. Esta costumbre fue pasando generación tras generación y a pesar de que llegó un momento (hacia finales del siglo XIX) en el que se prohibió por parte del gobierno la práctica del *ohaguro*, el acto reflejo de taparse la boca siguió permaneciendo entre muchas jóvenes de las siguientes generaciones.

06. ¡Sereno!

El valenciano Joaquín Fos fue el creador del primer cuerpo de serenos de España. En 1777 se declararon inciviles las prácticas pirotécnicas y fueron prohibidas, por lo que docenas de *coheters* se quedaron sin empleo.

El señor Fos era una de esas personas que continuamente velaban por la seguridad de sus conciudadanos y vecinos y decidió crear un cuerpo de serenos que rondasen por las calles al auxilio de cualquier vecino.

El horario de la ronda era desde las once de la noche hasta las cinco de la mañana e iban provistos de un *chuzo* (asta de madera con punta metálica), un farol y un silbato. Rápidamente su función se popularizó y acabó implantándose en muchas otras poblaciones.

07. ¿Por qué en los aviones te dan un salvavidas en vez de un paracaídas?

La razón principal es porque, en caso de estrellarse el avión lo haría con más posibilidad sobre el agua que en tierra firme. En numerosos trayectos de líneas regulares, los pilotos trazan sus rutas bordeando al máximo las costas.

Evidentemente, si tienen que volar entre dos puntos que se encuentran en el interior de un país lo hacen sobre tierra firme. Pero hay que tener en cuenta que, habitualmente, los aviones vuelan a una altura de 15.000 metros, donde la temperatura exterior ronda los 50 grados bajo cero, lo que imposibilita cualquier intento de salto sin trajes especiales (la muerte por congelación sería segura).

Otro de los puntos a tener en cuenta es que hay que saber utilizar el paracaídas. La tensión acumulada para una persona no habituada a ello, ante la posibilidad de tener que lanzarse desde un avión en peligro, ponerse el paracaídas, saltar y abrirlo en el momento indicado, hace que sea muy probable que fallezca de un paro cardiaco.

Por ultimo añadir que, suponiendo que una persona sobreviva a un accidente o aterrizaje forzoso, el llevar el chaleco hinchado puede ayudar a protegerlo de golpes y salvarle la vida en caso de caer al agua.

08. ¿Por qué sentimos «mariposas en el estómago» cuando nos enamoramos?

Nuestro tracto digestivo está rodeado por unos 100 millones de células nerviosas y estas se encargan, entre otras muchas cosas, de controlar gran numero de reacciones corporales en correspondencia con los procesos psíquicos. Podríamos decir que tenemos una especie de cerebro secundario alojado en el estómago.

Cada uno de los sentimientos, las sensaciones y las intuiciones que tenemos provocan una reacción diferente en nuestro organismo, pero hay unos muy determinados que suben directamente desde el estómago hasta el cerebro.

Por mínima que sea una reacción nuestra ante una situación emotiva, esta tiene una forma diferente de «marcarla» (las mariposas en el estómago cuando nos enamoramos, el típico dolor de tripa antes de un examen, el retortijón al ver a alguien al que aborrecemos…).

09. ¿Por qué la sangre es salada?

Seguro que en alguna ocasión te has hecho un corte y, cuando este ha empezado a sangrar, has chupado la herida, notando en la sangre un cierto sabor salado.

La sangre, al igual que el resto de nuestros fluidos y líquidos corporales tiene (a mayor o menor escala) un ligero sabor salado. Esto es debido a que contiene cloruro sódico, más comúnmente conocido como sal.

Según las teorías evolucionistas, todos los seres vivos del planeta provenimos de criaturas que habitaron los océanos y mares hace miles de años y que esa evolución nos ha traído hasta lo que hoy en día somos.

De esa herencia genética se nos han quedado muchas cosas y una de ellas es el cloruro sódico que contiene nuestro cuerpo.

10. ¿Es verdad que por la mañana somos más altos que la noche anterior?

Durante el día nuestros cartílagos intervertebrales se van comprimiendo con el peso del cuerpo, de tal forma que, a lo largo de la jornada, perdemos aproximadamente un centímetro de altura.

Ese centímetro lo recuperamos durante la noche, mientras dormimos ya que, al estar tumbados y descansando en la cama, los cartílagos de la columna vertebral se extienden al no tener que soportar ningún peso.

11. La antiquísima fiesta pagana de la Quirinalia

En el antiguo Imperio Romano eran muy dados a celebrar cada dos por tres diferentes festivales dedicados a sus múltiples divinidades. Una de esas celebraciones era la 'Quirinalia' la cual se realizaba en conmemoración de Quirino, sobrenombre que recibió tras su fallecimiento y ascensión a los cielos 'Rómulo' (fundador de Roma junto a su hermano Remo).

Se data la fecha del asesinato de Rómulo en el 17 de febrero del año 717 a.C., motivo por el que ese día se escogió para realizar en el Monte Quirinal un festival con diferentes sacrificios y ofrendas.

La Quirinalia se celebraba dos días antes que otra de las grandes fiestas paganas de Roma: 'las Lupercales', el festival en honor a Lupercus, protector de los pastores y sus rebaños y como homenaje a la loba que, según la mitología romana, amamantó a los gemelos Rómulo y Remo.

A partir del siglo V, con la sustitución de fiestas paganas por otras de carácter católico, se reemplazó la de las Lupercales por San Valentín y la Quirinalia acabó desapareciendo.

Así como de otros festivales de la Antigua Roma hay una extensa bibliografía, apenas existe documentación al respecto de la Quirinalia.

12. ¿Cómo se forma un jurado popular?

Los jurados populares son elegidos por las diferentes Audiencias Provinciales que hay en nuestro país mediante un sorteo que se realiza los años pares y en el que son seleccionadas las personas que pasaran a formar parte del tribunal popular de cada provincia, para los siguientes dos años.

El sorteo es público y puede asistir a presenciarlo toda aquella persona que lo desee.

Para la realización del sorteo se utiliza un ordenador y un programa informático especifico, y en él constan todos los ciudadanos mayores de edad y censados en esa provincia, pero no figuran con sus nombres y apellidos, sino con un número identificativo.

Tras efectuarse el sorteo, en las semanas siguientes se procede a notificar (mediante un certificado postal) a los seleccionados que han sido elegidos para formar parte de un jurado popular y se abre un plazo en el que se puede presentar alegaciones.

Los motivos por los que a una persona seleccionada se le permite ser declarado eximido de su responsabilidad pueden ser por edad (mayores de 65 años), por haber formado parte de otro jurado popular en los últimos cuatro años, por ser una causa de trastorno si se tienen cargas familiares, por realizar un trabajo de interés general, por estar trabajando en el extranjero, por ser militar en servicio necesario y por otras causas relevantes como fallecimiento o enfermedades graves que imposibilitan la presencia en un tribunal popular.

Tras el periodo de alegaciones, y con las personas restantes que han quedado aptas para ser parte de los jurados populares, se forman grupos de 36 candidatos para cada juicio.

Ahora sólo queda esperar a que se le asigne a cada grupo un juicio y será entonces cuando el abogado y el fiscal, que van a formar parte de la defensa y acusación correspondiente, deberán ponerse de acuerdo para elegir a once de esos 36 candidatos, que formaran definitivamente el jurado popular, estando este compuesto por un magistrado de carrera, nueve ciudadanos titulares y dos ciudadanos suplentes.

Para determinar qué once ciudadanos pueden formar parte, la defensa y la fiscalía harán una criba entre los 36 candidatos. Algunos de los motivos para excluir o admitir a una persona que formará parte de un jurado popular específico pueden ser determinar si una persona es apta psicológicamente, si está influenciada de antemano por el caso a juzgar, si tiene un vinculo (directo o indirecto) con alguna de las partes implicadas o si tiene capacidad para entender, comprender y analizar todo lo que se expondrá en el juicio.

Los jurados populares no pueden juzgar todo tipo de delitos: sólo participan en juicios en los que se juzgan casos de asesinato u homicidio (el homicidio se diferencia del asesinato por la falta de alevosía, ensañamiento u otros motivos; se considera un delito menos grave que el asesinato), cohecho, omisión del deber de socorro, allanamiento de morada, incendios forestales, malversación de fondos públicos, infidelidad en la custodia de presos...

Tras el juicio, el jurado popular no declara la inocencia del acusado, sino que sólo pueden decir si es *culpable* o *no culpable*. Tampoco está entre sus facultades el imponer la sentencia (tiempo de cárcel o multa económica), ya que eso es competencia del juez y es este quien lo decide.

La duración de un juicio con jurado popular va desde los cinco días (el más corto) hasta los 25 días (el más largo).

Todas las personas que forman parte de un jurado popular (titulares y suplentes) tienen derecho a percibir una remuneración que se desglosa del siguiente modo: 70 euros por día que dure el juicio más manutención, alojamiento en un hotel y kilometraje desde la residencia del miembro del jurado hasta la sala donde se desarrolla el juicio (20 céntimos de euro, aproximadamente, por cada kilómetro).

13. ¿Cómo saber si un huevo está fresco?

Es muy importante fijarse en la frescura de los alimentos, especialmente en verano cuando el calor puede dañar sus propiedades y el riesgo de intoxicación alimentaria es muy elevado.

Uno de esos alimentos a tener en cuenta son los huevos, un huevo que no esté fresco puede convertirse en portador de la bacteria de la *salmonella,* causante de la salmonelosis.

Cuando quieras saber si un huevo está fresco antes de utilizarlo o partirlo, colócalo en un vaso o envase alto lleno de agua, si el huevo flota es que se encuentra en mal estado. Si se hunde entonces es apto para el consumo.

14. ¿A qué distancia se encuentra el horizonte?

Cuantas veces nos habremos puesto a mirar a lo lejos, esperando ver el punto más lejano que nuestra vista pudiese alcanzar. Ese punto lejano que vemos es lo que se llama línea de horizonte.

Y la de ocasiones en la que habremos pensado a cuanta distancia se encontraría ese punto de nosotros ¿cuánto alcanzaría nuestra vista en el horizonte? ¿Por qué sólo vemos hasta ahí y no mucho más?

Pues es muy sencillo resolver estas cuestiones.

El límite de horizonte es debido a la convexidad de la tierra. Si nos encontramos de pie en un sitio llano, y suponiendo que nuestra estatura sea de 1,70 m, la distancia que podemos ver a simple vista es de unos cinco kilómetros aproximadamente. Si estuviésemos sobre los lomos de un caballo (por poner un ejemplo) o subidos en una escalera de unos dos metros, la distancia que veríamos sería de seis kilómetros.

Desde la ventana de un bloque de pisos a una altura de unos 20 metros, nuestra vista alcanzaría hasta los 16 kilómetros. Un farero, cuyo faro este a 60 metros de altura puede ver hasta 30 km. En una avioneta sobrevolando a una altura de 1.000 metros se podría ver hasta los 120 kilómetros. Y desde un avión comercial, volando a 10.000 metros de altura se puede ver hasta 380 km.

15. «Matar el gusanillo»

Hoy en día, cuando nos referimos a matar el gusanillo lo hacemos para comer alguna cosa entre horas que nos quite el apetito. Pero antiguamente estaban convencidos que en nuestro interior habitaba un gusano que nos chupaba la sangre y, que según esa creencia, se comía todo aquel alimento que teníamos en el estómago. De ahí que se aconsejase tomar una copa de aguardiente en ayunas, lo cual haría que el gusanillo que correteaba por nuestras entrañas se adormeciese.

16. ¿Por qué los piratas llevaban pendientes?

El cabo de Hornos, situado en el extremo sur del continente americano, y el cabo de Buena Esperanza, al sur de África, eran dos de los lugares del planeta más difíciles de atravesar a bordo de un barco.

En el siglo XVI el pirata Francis Drake, en 1578, se colocó un aro de oro en su oreja tras cruzar el cabo de Hornos. La costumbre se hizo popular entre el resto de piratas y se hizo tradición que cada vez que se atravesaba uno de esos dos cabos, los tripulantes se colocasen un pendiente de oro para conmemorar su éxito. Pero también hay quien señala como motivo u origen un simple acto de superstición entre los propios piratas, pues se colocaban los pendientes de oro al existir la creencia de que éste era un metal protector, que les salvaguardaría de cualquier infortunio.

Algunas crónicas indican que el portar un pendiente valioso ayudaría a pagar el entierro en caso de morir en tierra firme o ser sus cuerpos arrastrados hasta la orilla. Pero hay que recordar que, la mayoría de los piratas, fallecían en luchas que ocurrían en alta mar y que sus cuerpos no solían recibir ningún tipo de sepultura, sino que eran lanzados directamente al mar, lo que deja a esta última hipótesis, sobre el motivo de porqué llevaban pendientes, con poca credibilidad.

17. Querofobia, el extraño miedo a ser feliz

Es sin lugar a dudas una de las fobias más extrañas y que, al ser consultadas, a muchas personas les cueste creer que exista.

La querofobia es un trastorno que hace que, el individuo que la padece, tenga un miedo inexplicable a todo aquello que le aporta alegría o le hace feliz.

El querofóbico es una persona que constantemente está melancólico, no disfruta ni participa en los momentos de fiesta o celebración de aquellos que le rodean y piensa más en el momento de la decepción que en de la alegría en sí.

Es habitual que, algunos especialistas, confundan ocasionalmente los síntomas de la querofobia con los de la depresión, prescribiendo y suministrando medicación específica para el tratamiento de esta última.

18. ¿Qué es la nomofobia?

El uso de las nuevas tecnologías ha provocado el nacimiento de una nueva patología para este siglo XXI: la nomofobia.

Los nomofóbicos tienen una dependencia total del teléfono móvil y no contemplan su vida cotidiana sin este elemento. Se calcula que el 53% de los usuarios de teléfono móvil están afectados.

El término nomofobia proviene de un juego de palabras cuyo origen es la expresión en inglés *no mobile phone phobia* [fobia a no tener el teléfono móvil]. El término se acuñó a raíz de una investigación realizada en el Reino Unido en la que se quería estudiar el alcance que podía tener la ansiedad a aquellas personas, usuarias habituales del teléfono móvil, cuando no podían disponer de éste.

Varios son los actos/síntomas que pueden delatar a una persona que padece de nomofobia:
- Si se lo olvida en casa vuelve a buscarlo. Siente autentico miedo irracional a dejárselo o salir a la calle sin él.
- Si se queda sin batería es capaz de comprar un cargador nuevo para enchufar el teléfono en cualquier sitio.
- No suele entrar en locales o lugares en los que no hay cobertura o ésta es muy débil. En caso de tener que hacerlo, busca el punto de cobertura de todo el lugar o está continuamente entrando y saliendo.

- Nunca apaga el móvil e incluso si va al cine lo pone en vibración y lo observa continuamente.
- Necesita estar localizable las 24 horas del día.

19. «Disculpe que no me levante». La leyenda urbana sobre el epitafio de Groucho Marx

Durante muchísimos años se dio como cierto que el epitafio de la tumba del genial Groucho Marx era «Disculpe que no me levante». En realidad en la tumba del más famoso de los Hermanos Marx sólo figura su nombre y apellido, la fecha de nacimiento y muerte y una Estrella de David.

Esta ha sido otra de las muchísimas leyendas urbanas que suelen corretear de boca en boca. Realmente Groucho Marx dijo esa frase, pero fue en cierta ocasión durante una entrevista que concedió, donde afirmó que ese era el epitafio que querría tener en su tumba. También añadió que desearía ser enterrado sobre el féretro de Marilyn Monroe… Pero ninguna de estas dos voluntades le fue concedida.

Groucho Marx falleció el 19 de agosto de 1977 a causa de una neumonía y, tras ser incinerado, sus cenizas fueron depositadas en el Eden Memorial Park del cementerio de Mission Hills (Los Angeles).

Cinco años más tarde, en mayo de 1982, sus cenizas fueron robadas. Aparecieron poco después a las puertas de Mount Sinai Memorial Park en Los Ángeles. Jamás se supo quién las había sustraído y el porqué. Desde entonces, las cenizas de Groucho Marx se encuentran escondidas en algún lugar remoto del Eden Memorial Park.

20. ¿Por qué en los créditos del largometraje *Terremoto* el actor Walter Matthau aparece como Walter Matuschanskayasky?

En plena fiebre del cine catastrofista *(Aeropuerto, El Coloso en llamas…)*, en 1973 se rodó la película *Terremoto [Earthquake]*, dirigida por Mark Robson. Era una de esas películas corales, llenas de rostros conocidos y protagonizada por Charlton Heston y Ava Gardner.

Uno de esos rostros famosos que aparecían en el film era Walter Matthau, quien interpretaba el papel de un borracho.

Matthau no esperaba tener una intervención tan breve en la película como la que tuvo, por lo que se enojó muchísimo y a modo de represalia mandó poner en los títulos de crédito su aparición con el nombre de Walter Matuschanskayasky, cosa que enfadó (y mucho) a los productores de la película.

Esto generó a su vez una leyenda urbana acerca del apellido real de Matthau, llegando a afirmarse que se trataba de Matuschanskayasky. En realidad este apellido fue inventado por el propio Matthau y lo utilizaba de vez en cuando para gastar bromas o tomar el pelo a los periodistas que le preguntaban sobre su origen.

A pesar de que en muchas biografías no oficiales se empeñan en poner Matuschanskayasky como verdadero apellido del genial actor, el correcto era Matthow.

21. ¿Quién fue Pichichi?

En España, al máximo goleador de la Primera división de la Liga de Fútbol se le conoce como *Pichichi* desde que el premio fue creado en 1953 por el periódico deportivo *Marca*. El nombre del trofeo lo extrajeron del apodo de un delantero y goleador del Athletic de Bilbao llamado Rafael Moreno Aranzadi, conocido como Pichichi, que jugó en la primera década del siglo XX, siendo uno de los mejores goleadores de la época. Como reconocimiento a sus logros, se decidió poner su nombre (en este caso su apodo) al trofeo que premiaba al jugador que marcase más goles durante el Campeonato Nacional de Liga de Primera División.

Pichichi marcó el primer gol en San Mamés el día de su inauguración, el 21 de agosto de 1913, y también fue el primer jugador del Athletic en cobrar un sueldo por jugar al fútbol. Ganó cuatro copas con su club y se fue de los Juegos Olímpicos de Amberes con una medalla de plata. Cuando él jugaba aún no existía la Liga Española de Fútbol, ya que ésta comenzó a funcionar en la temporada 1928/29.

Pichichi era sobrino-nieto de Miguel de Unamuno y falleció en 1922, a los 29 años, de tifus; muy probablemente, a consecuencia de una ingestión de ostras en mal estado. Cuatro años después de su muerte se instaló su busto en San Mamés y, según manda la tradición, los equipos que visitan por primera vez *La Catedral* tienen que llevarle un ramo de flores.

Siguiendo el ejemplo del trofeo Pichichi, el diario *Marca* instauraría el trofeo Zamora (en honor al portero Ricardo Zamora) para distinguir al portero menos goleado y el trofeo Guruceta (para homenajear a Emilio Carlos Guruceta) que reconoce al mejor árbitro de cada temporada.

22. La invasión de gatos en Isla Marion

La Isla Marion es la más grande del archipiélago de las Islas del Príncipe Eduardo, en el Océano Índico. Se encuentra a medio camino entre el continente africano y el Polo Sur. Posee una rica vegetación y fauna autóctona y en el centro de la isla se encuentra un volcán activo. A finales de 1947, Gran Bretaña transfirió el control sobre la isla al gobierno de Sudáfrica, que se encuentra 1.700 kilómetros al norte. Un año más tarde se decidió construir una base como centro de estudio biológico, pero se encontraron con el problema de que había muchos ratones. En 1949 se llevaron a la isla cinco gatos para que acabasen con la plaga de ratones tan molesta para los científicos que allí trabajaban. Los gatos escaparon del control de sus cuidadores y pasaron a ser unos pobladores más de la isla.

Pronto dejaron de comer ratones y su menú pasó a ser huevos y aves autóctonas. En pocos años los gatos se fueron multiplicando hasta alcanzar los 3.500 en 1977. Cada año los gatos se comían más de medio millón de aves. Esto provocó que se extinguiera toda la población del petrel, un ave marina propia de los mares fríos. Se puso en marcha un programa de exterminación de los gatos residentes en la isla y en 1986 sólo quedaban 803. Actualmente ya no queda felino alguno en la isla.

23. ¿De dónde surgió el término «síndrome de Estocolmo»?

El síndrome de Estocolmo es la reacción por la que una víctima de un secuestro, o retenida en contra de su voluntad, desarrolla una relación de complicidad y empatía con quien la ha secuestrado.

Como es obvio, dicho síndrome debe su nombre a la capital de Suecia y surgió en un atraco que se perpetró el 23 de agosto de 1973 en el banco Kreditbanken, situado en dicha ciudad y que mantuvo en vilo a la población durante seis largos días.

Fue el primer evento criminal retransmitido en vivo por la televisión en Suecia. Los acontecimientos se fueron desarrollando de la siguiente manera: Jan Erik Olsson entró en la entidad bancaria con el ánimo de efectuar un robo, pero enseguida se complicaron las cosas en el interior del banco y se atrincheró en él, reteniendo a varias personas que en ese momento se encontraban allí. La policía actuó con rapidez y contundencia, lo que provocó un tiroteo en el que resultó herido un agente.

Olsson tomó cuatro rehenes y exigió que se llamase a su amigo Clark Olofsson y lo dejasen ir hasta allí. Olofsson era un delincuente reincidente y, tras mucho deliberar, el gobierno aceptó la petición, esperando que este hiciera de intermediario.

Las otras peticiones del atracador fueron un rescate de tres millones de coronas suecas, dos pistolas, chalecos antibalas, cascos y un coche.

Durante los seis días que duró el cautiverio, varios fueron los contactos que se realizaron desde la presidencia del gobierno con el captor.

El propio Olof Palme, primer ministro del país, recibió dos llamadas. La primera por parte de Olsson y su compañero en la que se le advertía de que matarían a los rehenes en caso de no ser satisfechas sus peticiones.

La otra llamada sorprendió a todo el mundo. La interlocutora se llamaba Kristin Ehnmark y era una de las personas retenidas en el interior del banco.

Kristin comentó a Palme su descontento de cómo estaba gestionando la policía el asunto y criticó la contundente forma de repeler el atraco. Pidió que dejasen salir de allí a los atracadores y que estos pudiesen llevarse consigo a los rehenes.

El 28 de agosto la policía entró en el banco tras lanzar gas al interior y detuvo a Olsson y Olofsson, dejando en libertad a los cuatro rehenes.

Kristin Ehnmark se negó a colaborar con la justicia y a declarar en el juicio contra sus captores. Un periodista aseguró haber visto besarse a la mujer con uno de los atracadores. El criminólogo Nils Bejerot acuñó el término síndrome de Estocolmo para referirse a esta conducta y, desde entonces, se utiliza para cualquier situación en la que los rehenes se sienten identificados con sus captores.

24. «Tirarse a la Bartola»

Bartola es la manera común en muchos lugares para llamar a la barriga, pero según apuntan muchas fuentes, la procedencia de la expresión tendría lugar en la celebración de San Bartolomé, que se celebra el 24 de agosto. Para esa fecha las cosechas terminaban y comenzaba un periodo de descanso y festejos hasta que, unos días después, diese comienzo la vendimia.

Aunque tirarse está admitido, la forma correcta sería tumbarse o echarse a la bartola.

25. ¿Cuál es el origen de Winnie the Pooh?

Christopher Robin Milne apenas contaba con cuatro años cuando hizo su primera visita al Zoológico de Londres. Fue por 1924 y allí una de las atracciones era una simpática osita llamada Winnie. Era tal el entusiasmo que sentía Christopher por la osa, que llegó a rebautizar a su peluche Edward Bear y pasó a llamarlo Winnie the Pooh. El «Pooh» provenía del nombre de un cisne del que también era amigo el niño.

El padre de Christopher, Alan Alexander Milne, un escritor con varias obras de teatro y novelas publicadas, que no habían tenido éxito alguno, comenzó a interesarse por Winnie y le hizo protagonista de una serie de cuentos infantiles que escribió para su hijo y que comenzó a publicar en 1926. Rápidamente las historias del osito alcanzaron un enorme éxito.

La historia de la verdadera osita Winnie se remonta unos cuantos años antes, más concretamente a la Primera Guerra Mundial.

El 24 de agosto de 1914, cuando un teniente veterinario de origen canadiense llamado Harry Colebourn, que formaba parte de la tropa que estaba siendo trasladada desde Winnipeg (Manitoba, Canadá) a Europa aprovechó una parada del tren en White River (Ontario) para comprar por veinte dólares una cría hembra de oso negro a un cazador que había matado a la madre. La pequeña huérfana fue bautizada como Winnipeg, pero rápidamente todos pasaron a llamarla Winnie. Acompañó a las tropas a Inglaterra, convertida en la mascota de los soldados, pero cuando las tropas tuvieron que ser trasladadas a Francia, Harry Colebourn prestó a Winnie al Zoo de Londres. En 1918, tras finalizar la guerra, el teniente Colebourn fue a buscar a la osa, pero visto el éxito que esta tenía entre los visitante, decidió dejarla definitivamente a vivir allí hasta su muerte el 12 de mayo de 1934.

En 1966 Walt Disney decidió llevar a las pantallas las divertidas aventuras de Winnie the Pooh y todo fue porque las historias de este simpático oso eran las preferidas de las hijas del propietario de la factoría Disney.

En 1993, la compañía Walt Disney reconoció que Winnie the Pooh era el segundo personaje más querido de la factoría después de Mickey Mouse.

26. Por qué no se les congelan los pies a los pingüinos cuando andan sobre el hielo

El cuerpo de los pingüinos está protegido por un plumaje caliente resistente al agua. Si a eso le sumamos la grasa que tiene debajo de la piel vemos el porqué se mantienen protegidos del frío. Algunas arterias en las piernas de los pingüinos puede ajustar el flujo de la sangre que circula por ellas, en respuesta a la temperatura de los pies, manteniendo los pies con la suficiente sangre para mantenerlos con unos cuantos grados sobre la temperatura del hielo.

Pero, surge una pregunta a la inversa, ya que si tan abrigados van… ¿Por qué no se achicharran de calor cuando están a pleno sol? Pues por el mismo motivo que la explicación anterior… El pico y los pies desnudos permiten que el calor se escape, ayudando al cuerpo a mantener una temperatura constante.

27. ¿Cuál es el origen y motivo de la celebración del carnaval?

El carnaval es, muy posiblemente, la fiesta pagana que más personas celebran y disfrutan en todo el planeta. Son días de baile, disfraces y mucha diversión.

El hecho de disfrazarse, pintarse la cara y festejarlo es un acto que se remonta a la antigüedad y existen algunas evidencias de que el pueblo sumerio ya realizaba este tipo de festejos hace 5.000 años.

Tal y como lo conocemos hoy en día, el carnaval es muy posible que sea una continuidad de los antiguos Saturnales, las festividades romanas que se celebraban en honor al dios Saturno.

A raíz de la expansión del cristianismo fue cuando más auge tomó y la fiesta tomó el nombre de carnaval, teniendo como motivo principal el despedirse de comer carne y de llevar una vida licenciosa durante el tiempo de cuaresma.

Eran tres días de celebración a lo grande en lo que todo estaba permitido; de ahí el ir disfrazado, taparse el rostro y salvaguardar el anonimato. Hoy en día, esta celebración se ha alargado una semana, comenzando en la mayoría de lugares el Jueves Lardero.

Esta despedida a la carne se realizaba los días previos al Miércoles de Ceniza, fecha en la que se daba comienzo la cuaresma; un periodo de cuarenta días (hasta el Domingo de Resurrección) que se destinaba a la abstinencia, recogimiento y el ayuno, acompañado de oraciones, penitencia y espiritualidad religiosa.

La etimología y origen de la palabra carnaval nos indica que proviene del término italiano *carnevale*, *carne* [carne] y *levare* [quitar], es decir quitar la carne. Esta voz derivaba a su vez del latín *carnem levare* de idéntico significado.

28. ¿Por qué a la Alemania nazi se le conocía como Tercer *Reich?*

El término *Reich* quiere decir «imperio» en alemán. En el siglo IX se fundó el Sacro Imperio Romano Germánico que fue conocido como primer *Reich* y perduraría a lo largo de los siguientes diez siglos.

En 1871 la unificación de los estados alemanes a raíz de la guerra francoprusiana, hizo que se fundara el conocido como segundo *Reich,* pero la derrota de los germanos en la Primera Guerra Mundial hizo que también acabara.

El proyecto de la Alemania nazi hizo que Adolf Hitler quisiera conquistar un gran imperio y devolverle al país germano el dominio sobre gran parte de Europa, dando pie al Tercer *Reich.*

29. «Tienes más cuento que Calleja»

Saturnino Calleja fue el propietario de la Editorial Calleja, en la que desde el año 1879 empezó a publicar libros de cuentos. Su particularidad residía en la sencillez en la que estaban realizados y su bajo precio, lo que propició que tuvieran una gran demanda y se hicieran muy populares. Eran libros entretenidos y llenos de ilustraciones, lo que ayudó a venderlos fácilmente.

La Editorial Calleja publicó alrededor de 3.000 títulos, la mayoría cuentos, lo que hizo que rápidamente se empezara a utilizar la expresión «tienes más cuento que Calleja».

30. «Gilipollas»

Durante el reinado de Felipe III, éste tenía como fiscal del Consejo de Hacienda a don Gil Imón, un peculiar personaje que asistía a todas las reuniones sociales acompañado por sus hijas. Por aquella época a las muchachas jóvenes se las conocía como pollas. Era habitual ver a don Gil Imón acompañado de sus *pollas,* lo que propició que la gente comenzase a decir cosas como «por ahí van Gil y sus pollas».

El fiscal suspiraba por encontrar unos buenos mozos casaderos que desposasen a sus queridas hijas, pero un acto social tras otro no había manera de colocarlas, llegando a rozar lo patético al verse tan clara su desesperación.

Esta situación hizo que la frase «Gil y sus pollas», con el tiempo, fuese perdiendo algunas letras por el camino, transformándose en el término gilipollas que todos conocemos y que se utiliza como insulto.

Cabe destacar que el Diccionario de la RAE recoge el término *gilí* para referirse a alguien tonto o lelo, siendo éste un vocablo proveniente de la legua romaní (hablada por la personas de etnia gitana) y que fue ampliamente utilizado durante el conocido como Siglo de Oro español, tanto en la jerga popular como por los ilustres literatos de la época.

La unión de este término con el del apellido del ilustre personaje mencionado es lo que dio origen al contundente y popular insulto.

31. ¿Quién inventó la servilleta?

Su inventor fue Leonardo da Vinci y lo hizo durante el periodo en el que estuvo al servicio del duque Ludovico Sforza, a lo largo de 28 años.

Por aquella época, era costumbre en los banquetes amarrar pequeños conejos bajo cada comensal y el pelo de los animales servía para limpiarse las manos y en más de una ocasión los propios cubiertos entre plato y plato.

Esto hizo que da Vinci pensase en pequeños paños individuales que servirían a los comensales para limpiarse las manos y boca durante los banquetes y así hacer menos rudos los modales de los invitados de su amo.

09. Septiembre

01. ¿Qué lado del papel aluminio se debe usar para envolver los alimentos, el mate o el brillante?

Según los propios fabricantes de papel de aluminio se pueden utilizar las dos caras indistintamente, siendo las mismas propiedades las de una cara y la otra.

El hecho de que un lado sea mate y el otro brillante, se debe a que en la fase final de la fabricación del papel aluminio y para evitar una posible rotura de la hoja durante el proceso de laminado en frío, se duplica la lámina que debe pasar por los rodillos. Las caras de aluminio que se tocan entre sí quedarán mate, mientras que las que pasan a través de los rodillos de acero pulido quedan brillantes.

02. ¿Por qué cuando un boxeador es tumbado se dice que está KO?

El término KO viene de las iniciales de la expresión anglosajona *Knock Out* y que entre sus múltiples significados se puede traducir como: fuera de combate, eliminar, dejar sin sentido o conocimiento.

Aunque en España se utiliza con frecuencia el término KO, la expresión *Knock Out* se ha castellanizado a *noquear,* siendo esta la forma correcta para referirse a alguien que ha sido derrotado rápidamente o ha quedado sin sentido por un golpe.

03. «Que no te la den con queso»

Si alguien trata de engañarnos decimos que quiere «dárnosla con queso» y también utilizamos la expresión «que no te la den con queso» cuando queremos advertir a alguien de que no sea engañado. Esta expresión tan utilizada en estos casos, proviene de cuando los antiguos bodegueros recibían la visita de los compradores de vino al por mayor y les ofrecían una cata, con tal de que probasen sus caldos antes de comprarlos.

Siempre existía alguna añada de vino que salía menos bueno que otros y para que no se notase la baja calidad y fuese adquirido, lo servían acompañado de una ración de oloroso queso en aceite.

El sabor y fuerte olor del queso disimulaba la baja calidad del vino, por lo que, en muchas ocasiones, el bodeguero acababa engañando a los compradores y estos terminaban comprando ese género al mismo precio que el de mayor calidad.

04. El origen del bidé

Todo parece indicar que el bidé moderno fue creado a finales del siglo XVII por fabricantes de muebles franceses, como receptáculo de agua destinado a que los jinetes se *aliviasen* tras una dolorosa jornada a caballo. De ahí que la palabra bidé *[bidet* en su grafía en francés] signifique *pony,* en referencia a la postura que se adopta al sentarse (en francés antiguo, *bider* significaba trotar).

Otras fuentes apuntan a que se diseñó como utensilio de higiene íntima para las relaciones pre y postcoitales, y también como método anticonceptivo. Según el escritor Néstor Luján, fue mencionado por primera vez en 1710 en Francia, cuando madame de Prie recibió en audiencia al marqués de Argenson sentada en su bidé.

En sus orígenes, el bidé estaba colocado sobre un caballete y se usaba en el dormitorio. Se anuncia comercialmente en París a partir de 1739, y hacia 1770, cuando el mobiliario del baño empieza a adquirir cierta complejidad y la jofaina (precursora del lavabo) toma nuevas formas, el bidé ya aparece como un elemento más del baño.

05. ¿Quién inventó los polos de hielo?

Los refrescantes y sabrosos polos de hielo son fruto de la casualidad. Un frio día de invierno de 1905, Frank Epperson un niño de 11 años que vivía en San Francisco quiso hacerse una bebida refrescante. Por aquel entonces eran muy comunes los polvos de soda, una especie de bicarbonato aromatizado que mezclado con agua producía una bebida refrescante.

Frank hizo su bebida de soda en el porche, mezclándola con un agitador de madera. A mitad de proceso fue llamado para que fuese al interior de su casa, olvidándose el preparado fuera. Aquella noche las temperaturas bajaron y al día siguiente el pequeño se encontró que su refresco se había convertido en un pequeño bloque de hielo que, al permanecer helado y con el agitador dentro. Desmoldó el preparado y dio buena cuenta del refresco congelado.

Este hecho le dio pie para que, 18 años después, retomase su invento, lo patentase y se hiciera rico vendiendo polos de hielo de múltiples sabores bajo la marca Popsicle.

06. ¿Cuál es el origen de los guantes quirúrgicos?

A finales del siglo XIX, el cirujano William Halsted se dio cuenta que, su enfermera y ayudante en el quirófano, Carolina Hampton padecía una dermatitis debido a algunos líquidos que debía utilizar durante las intervenciones y para esterilizar el instrumental quirúrgico, por lo que se le ocurrió la idea de diseñar para ella unos guantes como los de tela pero que fuesen de una finísima capa, así no entorpecería su trabajo.

Para ello se puso en contacto con la empresa de neumáticos Goodyear y les envió un molde de las manos de la joven enfermera. Tiempo después, ésta recibió unos guantes de goma con los que pudo desempeñar con total tranquilidad su trabajo. Con el uso de los mismos se dio cuenta que su dermatitis desapareció. Esto ayudó al cirujano a pensar en la utilidad que se le podría dar a ese tipo de guantes en el mundo de la medicina y la cirugía.

Un tiempo después, el doctor William Halsted y Carolina Hampton contrajeron matrimonio.

07. ¿Por qué se inventó la crema protectora solar?

Durante la Segunda Guerra Mundial, los soldados destacados en el Pacífico sufrían todo tipo de quemaduras en la piel causadas por sus largas jornadas expuestos al sol. El farmacéutico Benjamin Green descubrió que la parafina (un derivado del petróleo) creaba una fina capa que, aplicada sobre la piel, evitaba que los rayos ultravioleta la traspasasen y quemasen la piel.

08. ¿Cuál es el origen del *gin tonic?*

Sin lugar a dudas, en los últimos años, el gin tonic se ha convertido en uno de los combinados más populares y solicitados. Los buenos degustadores de esta bebida dicen que existen centenares de formas de realizar un buen *gin tonic,* tantas como combinaciones de diferentes ginebras y tónicas existen. Pero para remontarnos al origen debemos viajar a la India y situarnos en el último cuarto del siglo XIX.

Por aquel entonces, la empresa de bebidas carbonatadas Schweppes había comenzado a comercializar la tónica, una bebida que contenía quinina y cuya ingesta ayudaba a combatir la enfermedad del paludismo o malaria que padecía la población y los miembros del ejército británico que allí estaban desplazados.

El amargor que producía al tomar este jarabe bautizado como tónica, hizo que rápidamente se pensase en alguna forma de ingerirlo suavizando su sabor, a lo que se le añadió un chorrito de ginebra Bombay, que se destilaba en la India. De vuelta a su patria, las tropas británicas se llevaron consigo la receta de este refrescante combinado.

09. El código draconiano

Los castigos excesivamente severos se denominan draconianos como recuerdo del conjunto de leyes que propuso Dracón de Tesalia, un legislador ateniense que ocupó el cargo en el siglo VII a.C. La legislación promovida por él (aunque sólo redactó una pequeña parte del código) castigaba multitud de delitos con la muerte como medida para evitar las venganzas y las reyertas. El descontento popular con sus leyes le obligó a exiliarse.

10. ¿Cuál es la mayor profundidad que existe en una piscina?

La piscina de mayor profundidad del mundo está en Bruselas, la capital de Bélgica. Fue abierta al público en el año 2008 (después de ocho años de construcción) y tiene una profundidad de 33 metros. No es una piscina convencional, ya que en sus profundidades se encuentran túneles, como si de cuevas submarinas se tratase, siendo utilizada por buceadores para entrenarse.

11. «Está pasando un calvario»

La palabra calvario para designar una sucesión de adversidades viene del monte Calvario, el lugar en el que, según las sagradas escrituras, crucificaron a Jesucristo.

El monte recibe ese nombre porque calvario proviene del latín *calvarium,* que significa calavera y era el nombre que tomaban aquellos cerros o montes en los que se amontonaban las calaveras de los condenados que habían sido ejecutados.

Al haber sido crucificado Jesús en un lugar con tal nombre y haber padecido todo ese sufrimiento, se comenzó a utilizar ese término para describir cuando se vive una serie de pesadumbres y desgracias.

12. ¿De qué depende que un deporte sea olímpico o no?

El COI (Comité Olímpico Internacional) tiene una serie de normas que estipulan qué deportes pueden concurrir a unos Juegos Olímpicos y cuáles no, pero básicamente las que predominan son las siguientes:

- Que se practique por lo menos en 75 países de cuatro continentes (en deportes masculinos) y en un mínimo de 40 países y tres continentes (en deportes femeninos).

- En el caso de deportes de invierno se debe practicar en 25 países de 3 continentes (indistintamente si es un deporte para hombres o mujeres).

- Que en el deporte en cuestión se aplique el código antidopaje aprobado mundialmente.

Teniendo en cuenta el cumplimiento de estos requisitos y tras la pertinente aprobación por los miembros del COI, deberán transcurrir al menos siete años desde su admisión hasta su inclusión en el programa olímpico.

13. ¿Por qué a algunas publicaciones se les llama gaceta?

Actualmente una gaceta es una publicación periódica que no trata temas políticos, sino que está especializada en ramos concretos (espectáculos, economía, medicina…).

En el siglo XVI existía una moneda de cobre que se llamaba *gazzetta*. El valor de esta moneda era el mismo que costaba una publicación que se editaba y vendía en Venecia.

Los vendedores de dicha publicación eran conocidos como gaceteros y de ahí pasó a ser el nombre popular y genérico de la publicación en sí.

14. El origen de los penaltis

Uno de los momentos más temidos por un portero durante un encuentro es el del lanzamiento de penaltis. Es una extraña mezcla de sensaciones las que siente… Si le marcan es fatídico para su equipo; pero si logra parar el tiro, muy probablemente, se convierta en el héroe del partido.

Sin embargo, fue un portero de fútbol el que, allá por 1890, se le ocurrió introducir la pena máxima.

William McCrum era un empresario local y a la vez propietario del Milford Football Club (un modesto conjunto irlandés). Dentro del equipo ocupaba la plaza de cancerbero y en cierta ocasión, harto de la creciente violencia que cada vez más ejercían los jugadores, decidió introducir un tiro libre como castigo a una acción violenta durante el juego. Por entonces el fútbol estaba considerado como un deporte de caballeros.

La idea del penalti no sólo gustó, sino que prosperó dentro de las diferentes federaciones locales, que la fueron introduciendo durante los siguientes años en sus respectivas ligas. Llegó a la federación británica y de ahí a la International Football Board.

El primer penalti oficial fue lanzado en la temporada 1891-92 (resultando en gol) y fue obra de John Heath, jugador del Wolverhampton Wanderers, en el partido contra el Accrington Stanley Football Club, el 14 de septiembre de 1891.

15. ¿Por qué muchas huchas tienen forma de cerdito?

En el mundo anglosajón, las huchas en forma de cerdito son conocidas como *piggy banks*.

Alrededor del siglo XV se utilizaba una arcilla anaranjada llamada *pygg* con la que se realizaban diferentes utensilios para el hogar (platos, vasijas, vasos, recipientes, jarras...).

Por entonces, era costumbre guardar el dinero en algún utensilio de cocina y estos eran conocidos como *pygg jar*. Todo parece indicar que el color característico de la arcilla llevó a alguien a hacer un recipiente en forma de cerdo donde guardar el dinero y, aproximadamente sobre el siglo XVIII, evolucionó la palabra de *pygg jar* a *piggy bank* queriéndole dar un doble sentido al *pygg* y su parecido fonético con la palabra *pig* [cerdo].

A todo ello hemos de añadir el que en muchas civilizaciones el cerdo estaba considerado como un elemento de prosperidad o abundancia y se consideraba afortunado a aquel que podía disponer de uno para la matanza, ya que se aseguraban alimento a lo largo de todo el año.

Curiosamente, sobre los siglos XIV y XV aparecieron en Indonesia unos de jabalíes hechos de terracota conocidos como *celengan*. Es de suponer que entre el *celegan* y *pyggy jar* hubo en el tiempo algún tipo de encuentro para terminar siendo los conocidos *piggy bank* [cerditos hucha].

16. ¿Es verdad que Charlot se presentó a un concurso que buscaba un doble suyo?

Charles Chaplin fue uno de los actores cómicos más famosos y de moda de su época, por eso muchos fueron los concursos que se organizaban para encontrarle un doble.

En 1915, concedió una entrevista al periódico *Chicago Herald* en la que confesaba que, años atrás, llegó a presentarse a uno de estos concursos debido a que veía que ninguno de los participantes andaba tal y como lo hacía su personaje Charlot.

Su propósito era alzarse con el premio y demostrar a todos de que era inimitable, pero al jurado pareció no gustarle mucho la actuación que realizó y lo descalificaron, quedando fuera del concurso. El premio se lo llevó un participante llamado Milton Berle.

17. ¿Por qué el gas butano huele tan mal?

En realidad el gas butano no huele a nada, pero, debido a su peligrosidad al ser inhalado, es sometido a un proceso por el que se le incorpora ese característico olor que es tan molesto al respirarlo y así poder darnos cuenta rápidamente cuando hay una fuga o nos hemos dejado una de las llaves abiertas.

Actualmente existen muchos tipos de detectores de fugas de gas para aquellos lugares donde aún no ha sido procesado para incorporarle el olor, pero, antiguamente, a las minas de carbón se bajaba una jaula con un pajarito (solía ser un canario) por si se producía algún escape de gas tóxico, ya que les servía de alarma. Si el pájaro dejaba de cantar o moría es que se estaba produciendo un escape, por lo que los mineros debían abandonar rápidamente aquel lugar.

18. ¿Por qué los perros levantan la pata para orinar?

El hecho de que un perro levante la pata para orinar es un comportamiento que le viene asignado como herencia genética de sus ancestros y como modo de marcaje territorial. A través de la orina, los cánidos marcaban su terreno de dominio, por lo que, para tapar olores de otros animales situados en matorrales más altos, aprendieron a hacerlo levantado una de sus extremidades y dirigiendo el chorro de la orina hacia allí. Aunque estemos acostumbrados a ver tan sólo a los perros realizando este acto, es un reflejo común a todos los cánidos: lobos, coyotes, zorros...

19. «El que corta el bacalao»

¿Cuántas veces nos habremos encontrado con la situación de pedir un favor a alguien y nos ha contestado que no puede hacérnoslo porque él no es el que corta el bacalao?

Esta expresión nos ayuda a designar y señalar quién es el que manda o toma las decisiones en un lugar determinado y tiene su origen en los tiempos en el que el bacalao, salado y convenientemente desecado, era uno de los alimentos más comunes, fáciles de adquirir y, sobre todo, transportar a otras partes del mundo; gracias a los largos periodos que duraba sin echarse a perder.

Era común enviarlo hacia las colonias españolas repartidas en todos los rincones del planeta (desde el Caribe y América del Sur hasta Filipinas, pasando por África).

En estos lugares se servía como alimento a los trabajadores (normalmente eran esclavos) que eran utilizados para faenar en las plantaciones y estos, a la hora del rancho, se colocaban en una fila e iban esperando turno para que se les diera la ración correspondiente de bacalao, la cual era cortada, normalmente, por el capataz o encargado de la plantación.

Otras fuentes indican que su origen se encuentra en los tiempos de hambre y penuria en España, dónde el bacalao era el alimento básico y de los más baratos que se podía adquirir. A la llegada a los hogares, el patriarca de la familia era la persona destinada a cortarlo y repartir las raciones.

También se señala el origen de la expresión en los establecimientos conocidos como tiendas de ultramarinos o colmados, en el que el bacalao debía ser cortado con un cuchillo largo y afilado y cuya tarea era reservada al propietario o encargado del comercio, quedando esta práctica vedada a los aprendices que solían trabajar allí. Ese tipo era el que cortaba el bacalao y, por lo tanto, el que mandaba y tomaba las decisiones allí.

20. Un linchamiento

Cuando un grupo de personas deciden tomarse la venganza por sí mismas y ajusticiar al sospechoso de un delito, matándolo o dándole un escarmiento en forma de paliza, se conoce como linchamiento. El término proviene del siglo XVIII en el que Charles Lynch, formo parte de una milicia durante la Guerra de Independencia de Estados Unidos.

Tras descubrir a un grupo de sublevados que habían traicionado la causa que ellos defendían, los llevaron frente a un jurado y al ver que éstos los absolvieron de todos los cargos, Lynch decidió encabezar una patrulla popular que fue a la búsqueda de los traidores absueltos y ordeno ejecutarlos, ahorcándolos a todos. Ese hecho hizo que tal acto de justicia popular adoptase el apellido de dicho personaje.

21. ¿Sabes por qué las cebras tienen rayas?

Para evitar ser molestadas por los tábanos.

Un reciente estudio de la Universidad de Lund (Suecia), ha determinado que las rayas de las cebras no están ahí por pura casualidad, sino para evitar ser invadidas por las moscas u otros insectos voladores.

La investigación, que se ha centrado en varios animales equinos de diferente aspecto, color y pelaje, ha determinado que en el mismo periodo de exposición, lugar y bajo las mismas condiciones, los tábanos acuden en menor medida a las cebras y mucho más a los caballos de un solo color (negro, marrón o blanco). La luz que rebota sobre el pelaje oscuro hace mucho más atractivo para las moscas acudir a ellos, siendo mucho menor la de los equinos totalmente blancos.

Ello ha llevado a determinar que la evolución de la especie ha ido hacia el hecho de desarrollar unas rayas blancas y negras en su pelaje que ayudasen a confundir a los insectos, no posándose sobre las cebras en la mayoría de las veces.

22. ¿Cuál es el origen de la expresión «más limpio que una patena»?

La patena es el recipiente en el que se deposita la hostia durante la misa (entre la oración del Padre Nuestro y el momento de ser consumida).

Este platillo que suele ser de oro u otro metal precioso (normalmente dorado) debe estar reluciente y muy limpio. El hecho de que allí se depositen las obleas, que después se dan para comulgar, hace que se tenga una especial atención a la hora de limpiarlo.

De ahí que, cuando queremos referirnos a algo que está excesivamente limpio, utilicemos la expresión «Está más limpio que una patena».

23. Estás en Babia

La expresión «estar en Babia» es sinónimo de estar distraído o ausente y debe su origen a una importante comarca de la provincia de León llamada Babia. Durante la Edad Media la realeza y las clases más altas acudían a pasar sus periodos vacacionales y disfrutar de una buena cacería, debido a la abundancia de presas que por allí habitaban.

El lugar era un sitio idóneo para lugar de reposo donde refugiarse y distraerse de los farragosos problemas en la corte de León, por aquel entonces reino. Muchas ocasiones los cortesanos necesitaban consultar al monarca que se encontraba ausente de palacio porque estaba en Babia.

24. Las dos banderas de Filipinas

Filipinas es el único país del mundo que utiliza dos banderas (una en tiempo de paz y otra en caso de encontrarse en guerra). En realidad se trata de la misma bandera, lo que ocurre es que se coloca de manera invertida si Filipinas entra en guerra.

Está compuesta por dos franjas horizontales del mismo tamaño, de color azul la superior y de rojo la inferior. En el borde más cercano al mástil figura un triángulo equilátero de color blanco que contiene en su centro un sol dorado o amarillo con dieciséis rayos que rodean a otros ocho de mayor grosor y tres estrellas del mismo color con cinco puntas cada una, situadas cerca de los vértices del triángulo.

El color rojo de la bandera simboliza la sangre, el valor y el coraje de quienes lucharon por la independencia del país; el azul representa la unidad nacional y los ideales, y el blanco es el color de la pureza y de la paz. El sol representa el nacimiento de una nueva era iniciada con la independencia del país. Los ocho rayos del sol simbolizan a las ocho provincias que iniciaron la revuelta contra el dominio colonial español. Las tres estrellas de cinco puntas representan las tres áreas geográficas más importantes de las Islas Filipinas: Luzón, Visayas y Mindanao.

Tanto el sol, el color rojo como el triángulo blanco fueron usados originalmente por el Katipunan, la organización revolucionaria que encabezó la revuelta contra el domino español en 1898.

Cuando la bandera está expuesta en una pared, la franja azul debe estar a la izquierda del observador.

Como dato anecdótico, el 24 de septiembre de 2010 en una reunión del presidente estadounidense Barack Obama con los líderes de la Asociación de Naciones del Sudeste Asiático en Nueva York, la bandera de Filipinas se colocó al revés, con la franja roja hacia arriba. El gobierno de EE.UU. tuvo que pedir perdón públicamente por el error cometido, aunque el asunto no llegó a más y no se produjo ningún incidente diplomático.

25. ¿Por qué nos da ese calambrazo tan doloroso cuando nos golpeamos en el codo?

Algunas personas aseguran que es imposible reírte cuando te das un golpe en el codo y un calambrazo recorre todo tu antebrazo hasta llegar a la mano. Incluso entre algunos colectivos como los actores, hay una extraña superstición que dice que si uno de ellos se golpea el codo y es capaz de aguantar sin rechistar y como si nada hubiera pasado, le vendrá un contrato en breve.

Pero a decir verdad, golpearse el codo es algo muy doloroso pues provoca la ya mencionada sensación de tener una corriente eléctrica atravesando nuestro brazo. La razón para esta impresión se encuentra en el nervio ulnar (también conocido como nervio cubital) y que pasa justamente por ahí.

Este nervio parte de las cervicales en dirección al dedo meñique de la mano, recorriendo todo el brazo y es el encargado de que podamos mover la mano y abrir o cerrar el puño. Pero también posee una función sensorial, que faculta a este nervio el que nosotros podamos sentir las cosquillas en la palma de nuestra mano o el cosquilleo que se siente si te rozan la parte interior del antebrazo.

A su paso por el codo, el nervio ulnar tiene una mínima protección, por lo que al darnos un golpe, sentimos ese doloroso latigazo.

26. Salvarse por los pelos

Era muy común que los marineros se dejasen crecer la melena, ¿el motivo? Poder ser salvados al ser agarrados por los pelos en caso de caer al agua.

Pero el rey José I Bonaparte (más conocido vulgar y popularmente como *Pepe Botella)* al principio de su reinado en España, dictó una ley en la que obligaba a todos los soldados que estuvieran bajo órdenes de la monarquía que llevasen el pelo corto, como señal de disciplina. Entre los cuerpos militares afectados se encontraba el de los marineros que rápidamente lanzaron el grito al cielo en forma de protesta, ya que el hecho de poder llevar el pelo largo les daba garantías de no morir ahogados. Así que para que pudiesen salvarse por los pelos, los marinos fueron autorizados a mantener sus largas cabelleras.

27. Espantando visitas molestas

El novelista Ferenc Molnár era poco amigo de recibir visitas inesperadas, por lo que cada vez que se presentaba alguien sin avisar, su asistente personal decía la misma frase: «Lo siento, pero el señor Molnár no está en casa. Ha salido hace un momento, pero si usted corre calle abajo, seguro que podrá alcanzarlo».

28. ¿Por qué la guantera del coche se llama así?

A finales del siglo XVIII, los primeros automóviles que se fabricaron funcionaban gracias a una caldera de vapor, cuyo funcionamiento era el mismo que el de las máquinas locomotoras.

Debido al calor que desprendía la mencionada caldera, todas las operaciones para la puesta en marcha y conducción del auto debían hacerse con unos guantes que previniesen cualquier quemadura involuntaria.

Estos guantes tenían un lugar específico donde guardarse cuando no eran utilizados y tenerlos siempre a mano, por lo que, a aquel habitáculo donde se dejaban, se le comenzó a llamar guantera, permaneciendo este término hasta nuestros días.

29. ¿Qué es el veranillo de San Miguel (también conocido como *veranillo del membrillo)?*

Todos los años, hacia finales de septiembre, y siendo fiel a su cita, se presenta lo que es conocido como el veranillo de San Miguel, uno de esos fenómenos meteorológicos a los que estamos tan acostumbrados.

Se le llama así ya que es un periodo de días (no más de una semana) en el que, ya entrados en los primeros días del otoño, hace el mismo calor que unas semanas atrás y se alcanzan valores de unos 30 °C. Coincide con la época de la recolección de muchas cosechas, por lo que es muy típico escuchar entre agricultores preguntarse por «su San Miguel».

El 29 de septiembre se celebra la onomástica de San Miguel, San Rafael y San Gabriel (los tres Arcángeles) por lo que también se le denomina a estos días como el veranillo de los Arcángeles o el veranillo del membrillo.

El membrillo es una fruta cuya época de recolección es justamente en esos días. En la Grecia antigua los membrilleros estaban consagrados a Afrodita, la diosa del amor. Este fruto era el símbolo del amor y la fecundidad, y los recién casados debían comer uno antes de entrar en la habitación nupcial.

Un refrán típico de estas fechas es «por el veranillo de San Miguel están los frutos como la miel».

30. ¿Cuánto tiempo pasa exactamente de higos a brevas?

En alguna ocasión seguro que has escuchado o utilizado la expresión «de higos a brevas». Esta frase se suele utilizar para decir que algo ocurre de tanto en tanto o cada bastante tiempo. Pero, ¿cuánto tiempo pasa exactamente de higos a brevas?

La respuesta es, aproximadamente, unos ocho meses. La cosecha de higos llega al finalizar el verano (septiembre u octubre), mientras que una higuera breval suele dar una cosecha de brevas al iniciarse el verano, sobre el mes de junio.

10. Octubre

01. ¿Por qué en España se llama a los árbitros de fútbol por sus dos apellidos?

Brito Arceo, Bueno Grimal, Iturralde González, Pérez Burrull, Pérez Lasa, Rodríguez Santiago, Turienzo Álvarez, Mejuto González, Andújar Oliver, Lamo Castillo, Urío Velázquez, Japón Sevilla, Díaz Vega...

Todos ellos son árbitros españoles que han desempeñado gran parte de su carrera en la Primera División de la Liga Profesional de Fútbol... y todos ellos son conocidos y citados por sus dos apellidos.

Así como la mayoría de los futbolistas son conocidos por tan sólo el nombre, un apellido, un mote o incluso por el nombre y primer apellido, el colectivo arbitral español es conocido por sus dos apellidos.

Una de las explicaciones obedece a que el empleo de los dos apellidos podría ser un signo de autoridad en el partido, pero el reglamento no dice nada al respecto, ni es ese el verdadero origen del porqué.

El porqué real de esta curiosidad se remonta a principios los años 70. Hasta entonces a los árbitros se les conocía por su primer apellido, pero apareció en el arbitraje español un joven cuyo apellido era Franco y de inmediato las autoridades decidieron que no se le podía ofrecer a la prensa motivos para hacer titulares del tipo «Franco lo hizo muy mal», «¡Qué malo es Franco!», «Franco no vale para nada» y, aunque siempre referidos al árbitro, esa segunda intención, ingenio e ironía que tanto afloró bajo las plumas de ilustres periodistas en aquellos años de censura era una peligrosísima arma de doble filo. Con esos titulares, el general Francisco Franco podría sentirse humillado, así que la censura previamente ordenó que a partir de aquel momento a los árbitros se les llamase por sus dos apellidos. Desde entonces la prensa deportiva tomó como costumbre el citar a los árbitros así, aunque hay que destacar que la Real Federación Española de Fútbol cuando hace pública las designaciones de árbitros, siempre facilita sus nombres completos.

El árbitro en cuestión era Ángel Franco Martínez del colegio murciano, que actualmente ostenta el cargo de Vicepresidente del Comité Técnico de Árbitros y que fue considerado en los años 70 como uno de los mejores árbitros españoles, llegando a arbitrar un partido en el Mundial de Argentina 78.

02. ¿Tiene algo que ver la palabra broma con un molusco?

Sí, y mucho. De hecho, el término que se utiliza para describir un acto o dicho que se hace para confundir a la víctima y ser objeto de diversión por parte del que lo realiza u otras personas presentes, proviene del nombre de un molusco marino que se adhería en la base de los barcos antiguos, que estaban hechos de madera, e iba carcomiéndolos lentamente.

La broma, también conocida como teredón, teredo o taraza, es minúscula y al adherirse a la madera apenas mide un cuarto de milímetro pero en cuestión de unas pocas semanas puede llegar a medir diez centímetros.

Poseen unos minúsculos dientes que son capaces de roer todo tipo de madera, realizando complejos túneles que acaba destruyendo toda la estructura por la que ha ido carcomiendo.

En la antigüedad, este hecho apesadumbraba a los marinos y propietarios de las embarcaciones afectadas, por lo que lo consideraban algo muy pesado que les había ocurrido. Con el tiempo se aplicó el termino broma para cualquier acto que abrumase al afectado, llegando hasta nuestros días tal y como conocemos la definición de la palabra broma.

03. ¿Por qué decimos «Jesús» o «Salud» cuando alguien estornuda?

Nuestros antepasados de hace miles de años ya eran supersticiosos y al acto del estornudo lo tenían catalogado, con un baremo de mayor o menos gravedad, dependiendo en el momento del día y lugar se producía.

Estaban convencidos de que el estornudo era un medio por el que los malos espíritus y las enfermedades podían colarse en nuestro cuerpo, por lo que tras efectuar un estornudo, los presentes exclamaban cosas como: «¡Que Júpiter te conserve!» o «¡Zeus te salve!» en el caso de los griegos o un «¡Salve!» en el de los romanos. Tras la llegada del cristianismo, se le añadió un nuevo elemento negativo al estornudo, que era la presencia del diablo y para evitar que éste se le metiera dentro del estornudador, se le exclamaba varias veces: «¡Jesús!»

Los musulmanes también tienen su propia exclamación y esta suele ser: «Alhamdulillah» (Gracias a Allah / Alabado sea Allah) a lo que la otra persona contesta con un «Rahimak Allah» (Que Allah te bendiga) o «Yarhamuka Allah» (Que Allah tenga misericordia de ti).

Habitualmente, muchas personas no creyentes utilizan el término «¡Salud!» tras escuchar estornudar a alguien, pero en la mayoría de veces sin el componente supersticioso que dio origen a decir algo tras un estornudo.

04. ¿Dónde está la Conchinchina?

En multitud de ocasiones, para referirnos a un lugar muy lejano y exótico, hemos utilizado el término Conchinchina: «Está en la Conchinchina», «He tenido que ir hasta la Conchinchina para comprarlo», «Pues como no te vayas a la Conchinchina, aquí no lo vas a encontrar»…

Muchas personas piensan que es el nombre de un lugar imaginario, pero todo lo contrario, la Conchinchina existe, pero escrito de otra manera: Cochinchina o Cochin China ya que realmente le sobra una ene que se le ponía de más.

En el siglo XVII, misioneros españoles anduvieron por Cochinchina en una labor de evangelización de la región situada en el sudeste asiático, en el extremo de Indochina, el lugar donde actualmente se encontraría el sur de Vietnam.

Los españoles compartían la colonia con los franceses y fueron éstos los que le dieron el nombre de Cochinchine y todo hace suponer que una españolización del término el cambió de la última vocal y se le añadió esa ene de más, que facilitaba su pronunciación.

05. «Tirar de la manta»

Cuando alguien quiere amenazar con revelar algún secreto, que puede perjudicar y/o involucrar a terceros, se utiliza la expresión «tirar de la manta».

Para descubrir el origen de esta expresión debemos trasladarnos hasta 1610, año en el que se colgó en la Catedral de Tudela (Navarra) un lienzo (manta) en la que estaba impreso el censo con el nombre y apellidos de los conversos que decidieron quedarse tras la expulsión de los judíos de la ciudad, a finales del siglo XV.

Durante más de cien años, la convivencia entre católicos y conversos se llevó a cabo sin apenas problemas, pero éstos surgieron cuando a los descendientes de aquellos convertidos se les comenzó a ofrecer empleos públicos o de servicio a la corona.

Los católicos *auténticos* no lo vieron con buenos ojos, por lo que se decidió crear un censo de cristianos viejos y exponer públicamente, para que todo el mundo supiera quiénes se habían convertido por conveniencia. En la actualidad, la manta se expone en el Museo de la Sinagoga del Claustro románico de la Catedral de Tudela.

06. El curioso y hechizante origen del término *glamour*

Se define como *glamour* (la RAE aconseja usar el vocablo *glamur*) para señalar el encanto y sensualidad que algunas personas trasmiten de una manera elegante y distinguida y con un destacado toque de fascinación.

El origen etimológico del término nos llegó desde el francés y a éste desde el escocés *glamor* cuyo significado literal era *hechizo*.

Y es que esta palabra era la que se utilizaba antiguamente para referirse a aquel que era capaz de hechizar a alguien mediante un encantamiento. Con el tiempo se pensó que aquellos que irradiaban cierta atracción y eran capaces de seducir y fascinar a través de su personalidad lo que estaban haciendo era *hechizar*. De ahí que el término *glamour*/glamur acabase siendo utilizado como sinónimo de palabras como seducción, elegancia, estilo, encanto o atractivo (aparte de hechizo y fascinación) siendo comúnmente usado hoy en día para hacer alusión a artistas de cine, cantantes e incluso a miembros de la alta sociedad, además de todo lo que tiene que ver con el buen gusto y el lujo.

07. A ojo de buen cubero

Cuando alguien realiza algo sin tomar medidas o pesos, se dice que lo ha hecho «a ojo de buen cubero».

Antiguamente, los cuberos eran los que fabricaban las cubas, como su nombre deja intuir. Por aquel entonces, no existía una reglamentación específica sobre las medidas y capacidad que debía tener cada cuba, pero se intentaba estandarizar, para que así todas fuesen más o menos iguales.

Esa capacidad de realizarlo prácticamente igual que las otras sin utilizar ningún tipo de medida, hizo que se popularizase la expresión como símbolo del buen ojo que tenían estos artesanos a la hora de realizar su trabajo.

08. Alfonso XII y su despiste en la *ciudad* de Cáceres

El 8 de octubre de 1881, durante la inauguración de la línea férrea que unía las capitales de Madrid y Lisboa, con paso por Cáceres, el rey Alfonso XII tuvo un despiste a la hora de pronunciar unas palabras, en las que vitoreó a la ciudad de Cáceres.

Rápidamente fue advertido de su error, ya que no era ciudad sino villa, a lo que el monarca muy digno contestó: «Pues desde hoy es ciudad». Y así fue, ya que pocos meses después, el 9 de febrero de 1882, Alfonso XII ratifico sus palabras y nombró oficialmente ciudad a la hasta entonces villa de Cáceres.

09. ¿Por qué el rascarse alivia un picor?

Esta es una de las preguntas que los neurólogos no saben responder al 100%. Sabido es que nuestro cerebro tiene perfectamente controlado cada uno de los puntos de nuestro cuerpo y cuando una parte empieza a picarnos es porque está enviando esa señal a través de las terminaciones nerviosas.

Lo que no está tan claro es porqué al rascarlos aliviamos ese picor. La mayoría de especialistas coinciden en que la posible respuesta sea que, al rascar, estamos causando una nueva molestia sobre el mismo punto y las neuronas de la medula espinal reciben en un mismo instante dos respuestas desde un mismo punto, el del picor y el dolor de rascarse, lo que hace que deje de percibir el primero y por eso notemos ese alivio.

10. «A buenas horas, mangas verdes»

En el siglo XIII se creó un cuerpo de vigilancia llamada Santa Hermandad y que se dedicaba a visitar las diferentes aldeas y pueblos con tal de prevenir los delitos en esos lugares. Su uniforme estaba compuesto por una llamativa casaca cuyas mangas eran de color verde, por lo que la gente aprovechó para llamarles de ese modo: los mangas verdes. Esta policía rural tenía fama de llegar al lugar del crimen cuando los malhechores ya habían huido, motivo por el que los lugareños solían recibirles con un «a buenas horas, mangas verdes»

11. Actuar con naturalidad

La película *Recuerda* [Spellbound] estrenada en 1945 fue la primera que rodó Alfred Hitchcock con la actriz Ingrid Bergman.

Al director le costó mucho convencer a la joven para que protagonizase su largometraje, cuyo guión era algo confuso para ella, ya que había una larga secuencia que había sido pensada y diseñada por Salvador Dalí, pero lo que más le angustiaba a la actriz era lo poco creíble que resultaba la historia de amor que vivía su personaje con el que interpretaba el actor Gregory Peck.

Cierto día, antes del rodaje, Bergman se acercó hasta donde estaba Hitchcock junto al productor David O. Selznick y les comentó que no creía que pudiese interpretar la escena de un modo natural. Ella comenzó a proponer diferentes alternativas, mientras que el director iba escuchándola solemnemente y asintiendo con la cabeza de tanto en tanto.

Cuando terminó su argumentación y posibles cambios, preguntó al director cuál de sus sugerencias prefería. Tras un largo silencio, Hitchcock contestó: «De acuerdo, si no puedes hacerlo con naturalidad... Entonces finge».

12. ¿Por qué las prendas masculinas y femeninas llevan los botones en lados diferentes?

Cada vez es menos común, ya que, cada vez más, se ha ido unificando la moda tanto masculina como femenina, haciendo prendas unisex, pero hubo un tiempo en el que la ropa de hombre llevaba los botones cosidos en el lado derecho y la de mujer en el izquierdo.

El inicio de esta distinción, a la hora de poner los botones en lados diferentes, se remonta al siglo XV en el que muchas mujeres de la alta sociedad eran ayudadas a ser vestidas. Para facilitar la tarea de la persona que asistía a su señora a la hora de abrocharle los botones, los modistos de la época decidieron colocarlos de modo que pareciese que estaban frente a un espejo (a la izquierda el botón y a la derecha el ojal).

A pesar de que la mayoría de las fuentes aprueban esta explicación como la más lógica y documentada, hay algunos historiadores que no termina de convencerles debido a que, en esa misma época, todos los caballeros también tenían asistentes de cámara que ayudaban a vestirse a sus señores, por lo que también se hubiesen tenido que colocar los botones en el lado izquierdo, en lugar del derecho, donde habitualmente están.

13. ¿Por qué Los 40 Principales son cuarenta?

A mediados de los años 30, del pasado siglo XX, en muchas cafeterías de los Estados Unidos comenzaron a ponerse de moda unos curiosos aparatos en los que, tras depositar una moneda, se podía escuchar aquellas canciones que se elegían de la lista.

El momento de auge de estas máquinas, conocidas como *Jukebox* [caja de distracción] se alcanzó en los años 50 y 60, convirtiéndose en imprescindible de cualquier local que quisiera tener entre su clientela a los más jóvenes.

Las *Jukebox* estándar estaban diseñadas para contener 40 discos de vinilo de 45 revoluciones por minuto. Estos discos eran los temas más escuchados y de moda en las emisoras radiofónicas, lo que llevó a crearse innumerables programas en los que se ofrecían los *Top 40* que también sonaban en las máquinas expendedoras de música.

En 1966, la emisora Radio Madrid (Cadena Ser) quiso iniciar un programa musical orientado a los jóvenes, basado en el concepto de los temas más escuchados, tal y como se estaba realizando con tanto éxito en los Estados Unidos.

La idea gustó y cuajó, pero se prefirió españolizar ese nombre de *Top 40* convirtiéndose en Los 40 Principales que actualmente conocemos y que tanto ha triunfado, siendo uno de los referentes dentro de las radio formulas de nuestro país.

14. ¿Sabías que adicto era como se le llamaba a los esclavos en el Imperio Romano?

En realidad se les decía *addictus* que es su forma en latín porque significaba asignado o entregado. Cuando se vendía un esclavo, éste era asignado y entregado a su nuevo amo, por lo que pasaba a ser el *addictus de* (y el nombre de su amo) y acabó siendo utilizado para decir que pertenecía alguien o algo.

Ya en su evolución en las diferentes lenguas, con el tiempo se aplicó la palabra adicto para señalar a aquellos que estaban entregados o pertenecían a la droga, juego, sexo, trabajo o cualquier cosa a la que se puede ser adicto.

15. La niña que le pidió a Abraham Lincoln que se dejase la barba

En la campaña electoral de 1860, se presentó por primera vez Abraham Lincoln. Lo hizo como candidato por el Partido Republicano y una de las particularidades de ese hecho es que, por aquel entonces no portaba la característica barba que tan acostumbrados estamos a ver en todo tipo de fotografías o retratos del que fuera nombrado decimosexto Presidente de los Estados Unidos.

Sin embargo en la toma de posesión del cargo, pocos meses después, ya aparecía con la frondosa barba que ha inmortalizado su imagen a lo largo de la historia.

La responsable de ese repentino cambio de apariencia fue Grace Bedell, una niña de doce años que escribió una carta a Lincoln tras ver una fotografía de éste, durante la campaña electoral que lo llevaría a la Casa Blanca.

En dicha carta, fechada el 15 de octubre de 1860, la pequeña sugería al candidato republicano que se dejase la barba, para así mejorar su apariencia, ya que tenía la cara muy delgada. Si así lo hacía, le prometía convencer a sus cuatro hermanos para que lo votasen.

El 19 de octubre de ese mismo año, Abraham Lincoln contestaba a Grace agradeciéndole el consejo, el cual no sabía si seguiría ya que nunca había llevado barba y si se la dejaba, con la edad que tenía, la gente podría pensar que se trataba de una tontería y no le tomarían en serio.

Pero tontería o no, tres meses después, tras haber ganado las elecciones y antes de tomar posesión como presidente, Lincoln hizo una gira por varios estados del país en la que lucía la barba que sería todo un símbolo de su identidad.

Lincoln se reunió con la pequeña Grace y como homenaje a tal encuentro, en el centro de la aldea de Westfield se erigió una estatua dando origen a diferentes cuentos y relatos infantiles que rememoran este acontecimiento histórico.

16. El origen de los tampones

Los tampones son conocidos desde la antigüedad. Ya hace muchos siglos que las mujeres de entonces utilizaban cartuchos absorbentes hechos de papiro, hierba u hojas de otras plantas.

A mediados de los años veinte del siglo XX, Earle Haas, un médico osteó-pata que residía en Denver, andaba buscando algún método que ahorrase el laborioso trabajo que tenía su esposa cada mes con los trapos y compresas de tela en cada menstruación.

En cierta ocasión una amiga de California le comentó que ella se introducía un trozo de esponja para que le absorbiera el flujo vaginal. Esto le dio una idea a Haas y se puso a trabajar desarrollando un tampón de algodón que, ayudado por unos canutillos de cartón, favorecía la introducción. En 1932 se le concedió la patente del invento y registró la marca Tampax que creó para la comercialización del tampón.

Ofreció la invención a varias empresas farmacéuticas (entre ellas Johnson & Johnson) sin que ninguna se interesase. Fue el 16 de octubre de 1933 cuando finalmente vendió por 32.000 dólares la patente a Gertrude Tendrich, una mujer de negocios de origen alemán que residía en Denver. Gertrude creó la empresa Tampax y comenzó a fabricar los tampones en su propia casa, utilizando una máquina de coser y la máquina de compresión del doctor Haas. En 1936 tuvo que vender la empresa que había montado así como la patente y marca, ya que no podía hacer frente a todos los gastos. Poco tiempo después los tampones ya se comercializaban en la práctica totalidad de los Estados Unidos.

17. ¿Sabías que el plástico se invento como sustituto al marfil?

En la década de 1860, la escasez en las reservas de marfil llevó a la empresa Phelan & Collander a realizar un concurso en el que ofrecían un premio a quien fuera capaz de inventar algún material con el que fabricar las bolas de billar, que hasta aquel momento eran realizadas con los preciados colmillos de elefante.

El premio se lo llevó John Wesley Hyatt, quien inventó un material al que llamó celuloide y que fue el primer paso para obtener lo que hoy conocemos como plástico y sus múltiples variantes.

Con el dinero del premio creó la empresa Albany Dental Plate Company (posteriormente renombrada como 'Celluloid Manufacturing Company') con la que fabricó (además de bolas de billar) piezas dentales, teclas de piano y todo aquello que hasta entonces se había estado realizando con marfil.

18. Matthew Hopkins, el experto cazador de brujas

El general Matthew Hopkins está considerado como el mayor experto cazador de brujas que tuvo Inglaterra. A mediados del siglo XVII, Hopkins se dedicaba a visitar los diferentes pueblos y condados en busca de mujeres que se dedicasen a la brujería. El castigo para éstas no sería otro que ir directamente a la hoguera.

Su método de detección de brujas era el siguiente: tras ser avisado que en un lugar concreto había alguna mujer sospechosa de dedicarse a realizar brujería, Matthew Hopkins se trasladaba hasta allí y realizaba una serie de pruebas para determinar si era bruja o no.

Entre los diferentes exámenes a las sospechosas estaba el cortarles alguna parte del cuerpo (dedos, oreja, mano, pie…) y ver si sangraba o no. De no brotar sangre de la amputación era encontrada culpable. Otro método era atar a la supuesta bruja a una silla y lanzarla al mar; si flotaba era acusada de brujería. También se les buscaba signos o marcas que pudiesen determinar algún indicio (como un tercer pezón).

Matthew Hopkins tan sólo desarrolló su actividad como descubridor de brujas a lo largo de dos años (1644-1646), pero se calcula que fueron más de 300 mujeres las que llegó a mandar a la hoguera.

19. «Irse por los cerros de Úbeda»

Cuando alguien está explicando algo y, sin venir a cuento, se desvía del tema y acaba contando otra cosa, se dice que se ha ido por los cerros de Úbeda.

Esta famosa frase toma su origen en el año 1231, en el que el Rey Fernando III de Castilla se dispuso a recuperar la población de Úbeda (Jaen) en manos de los musulmanes. Preparó un buen ejército que le ayudase a combatir y derrotar al enemigo moro, pero un grupo de hombres, bajo el mando de un hidalgo capitán, no se presentó en el lugar acordado. Tras el asedio y reconquista de Úbeda por parte de Fernando III, apareció el militar con sus soldados y se disculpó de su tardanza debido a que se había perdido por los cerros de Úbeda.

20. ¿Por qué cuando hace frío tenemos más ganas de orinar?

Nuestro organismo a lo largo del día recibe cierta cantidad de líquido a través de diferentes ingestas de agua y otras bebidas, y tiene dos modos de eliminar el exceso que el cuerpo no necesita para seguir funcionando correctamente: uno es a través del sudor y el otro a través de la orina.

Cuando tenemos frío nuestro cuerpo no genera la suficiente energía para provocar la sudoración, lo que hace que el sobrante que hemos ido tomando (caldos calientes, infusiones, cafés…) tenga que ser finalmente expulsado orinando. De ahí que en invierno vayamos tantas veces al baño a pesar de beber mucho menos que en verano, ya que con el calor expulsamos gran parte del líquido ingerido a través del sudor.

21. ¿Qué diferencia hay entre declarar a un acusado inocente o no culpable?

Seguro que en más de una ocasión has escuchado o leído que tras dictar la sentencia, un juez ha declarado al acusado como no culpable… ¿Eso quiere decir que es inocente? Pues no. La diferencia entre declararlo inocente o no culpable es que en el primero de los dos se ha podido comprobar la inocencia del acusado y por lo tanto queda libre de todo cargo.

Por el contrario el segundo supuesto se aplica cuando, aun existiendo evidencias que apuntan que el acusado podría ser culpable del delito, no existen suficientes pruebas que lo incriminen, éstas se han conseguido de un modo ilegal o que se haya demostrado que cometió el delito bajo cualquier atenuante (por ejemplo, un cuadro psicótico), por lo que hay que declararlo como no culpable.

22. ¿Por qué a los aficionados del Barça se les llama culés?

Entre 1909 y 1922, el Fútbol Club Barcelona disputó sus partidos en un estadio conocido popularmente con el nombre de *la escupidera* y que estaba situado en la calle Industria (actualmente calle París) de la Ciudad Condal. Este estadio, que anteriormente había pertenecido al Hispània Athletic Club (otro de los clubes pioneros del balompié barcelonés) solo tenía capacidad para seis mil personas, que se sentaban apelotonadas en una gradería de dos pisos. Los días que había un partido de suma importancia se llenaba hasta los topes, habiendo aficionados sentados encima del muro que lo rodeaba.

Estos seguidores se encontraban colocados de una manera en que el culo les sobresalía por la parte del muro que daba a la calle Industria, lo que hacía que se viese asomados todos los traseros y ello originó que, los viandantes que por allí pasaban, se echaran unas buenas risas a costa de los culos por allí mostrados.

En catalán culo se dice *cul* y *culés* es la transformación (con la pérdida de la erre) de *culers* [culones]. Desde entonces ha perdurado la costumbre de llamar así a los aficionados del Barça.

23. «Una hora menos en Canarias»

En muchos medios de comunicación cuando nos dicen la hora que es o nos indican la hora en la que tendrá lugar algún evento, lo dicen de dos posibles formas: «son las doce de la mañana, las once en las Islas Canarias» o la otra manera que se ha hecho muy popular: «son las doce, una hora menos en Canarias».

La costumbre de añadir cualquiera de estas dos coletillas junto a la hora correspondiente proviene de los inicios del mítico programa Protagonistas, que se emitía en Radio Nacional de España y era presentado en aquella época, 1969, por José Ferrer (Luis del Olmo no se pondría al frente del programa Protagonistas hasta el 1 de julio de 1973, permaneciendo al frente del mismo, en diferentes cadenas de radio, hasta finales de 2013, año en el que decidió jubilarse).

Cuando el programa comenzaba a la seis de la mañana y a lo largo de toda la duración de éste, se iba dando la hora peninsular, por lo que José Antonio Pardellas, corresponsal de la emisora en Tenerife, comentó a sus superiores el desconcierto que había en las islas Canarias cada vez que por la radio se informaba de la hora, ya que allí tenían un huso horario diferente al de la península y por lo tanto no sabían si el locutor se refería a la hora insular o peninsular. A raíz de esta queja se incorporó la ya famosa coletilla a la que estamos tan habituados a escuchar.

24. Echar el muerto a otro

Cuando alguien es acusado de algo y quiere evadir su responsabilidad echándole la culpa a otra persona, se suele utilizar la expresión «echar el muerto a otro».

El origen de la frase proviene de la Edad Media, una época en la que era muy habitual las reyertas y asesinatos sin ningún tipo de justificación. En infinidad de ocasiones, tras hallarse un cadáver abandonado en medio de una población, no se lograba averiguar cuál había sido la causa por la que esa persona había sido asesinada ni quién era el responsable.

Por tal motivo, las autoridades decidieron que, en aquellas localidades donde apareciese un muerto y no se pudiera determinar las causas ni culpables, el pueblo en su totalidad sería el responsable, pagando una multa económica al rey. Esto llevó a que, algunos pícaros vecinos, cuando aparecía en las calles algún muerto con evidentes muestras de violencia, lo trasladasen sigilosamente a la población más cercana donde era abandonado, cargándoles el muerto y la culpa a sus vecinos y, por lo tanto, librándose de la multa real.

25. ¿Por qué se representan los cascos vikingos con cuernos?

A lo largo de la historia y en las múltiples investigaciones arqueológicas, no se ha podido demostrar ni se han encontrado ningún tipo de evidencia que confirmase que los cascos de los vikingos llevasen dos cuernos.

Sin embargo, multitud son las ilustraciones que nos muestran a los vikingos provistos de un casco de ese tipo. Todo parece indicar que el motivo que dio origen a ello fue el estreno en 1870 de la opera *La Valquiria* de Richard Wagner, en la que aparecía la protagonista femenina luciendo un casco con cuernos.

Con el tiempo la imagen de un vikingo con ese peculiar casco ha estado muy ligada y, aunque no se correspondiera con la realidad, se ha utilizado para representarlos en películas, obras de teatro y ópera y todo tipo de ilustraciones. ¿Podríais imaginaros un disfraz de vikingo sin su característico casco con cuernos?

26. El primer reglamento del fútbol

A mediados del siglo XIX comenzó a hacerse popular en muchas escuelas privadas de Gran Bretaña jugar a una variante entre el fútbol actual y el rugby, aunque más sofisticado y menos agresivo que éste último. El balompié ya era conocido en todo el país (sobre todo en zonas rurales) desde hacía décadas, aunque se practicaba de forma diferente en función de las regiones y costumbres locales.

El rugby había ganado mucho terreno, pero se encontró con algunos sectores y clubes a los que no les gustaba esa forma más brusca de practicar el deporte y apostaron por crear un reglamento en el que el juego del fútbol no estuviese basado en golpear al rival para conseguir el control del balón y ambos quedasen diferenciados.

Allá por 1848 se reunieron en el Trinity College de Cambridge representantes de varias escuelas y trataron de hacer un reglamento que recogiese una serie de normas básicas para el ejercicio de ese deporte. Entre sus normas se permitía el arrancar el balón con las manos o dar un puntapié al contrario. Allí nació el conocido como reglamento de Cambridge.

Pero no fue hasta 1863, más concretamente en la mañana del 26 de octubre en una taberna de Londres llamada Freemasons's, cuando se realizó una reunión en la que se creó la Asociación de Fútbol (FA). Allí estaban representantes de todas las asociaciones que practicaban dicho deporte y todos juntos se dispusieron a redactar el primer reglamento de fútbol.

De esa primera reunión salieron las catorce primeras reglas. Se estuvieron reuniendo durante dos meses (en total cinco reuniones), pero no llegaron a un acuerdo total con todos los clubes, ya que el Blackheath se oponía a que no se permitiera agarrar el balón con las manos y que las patadas a un jugador contrario estuviesen penalizadas. Poco tiempo después el representante del Blackheath era uno de los fundadores de la Federación Inglesa de Rugby.

El manuscrito original del primer reglamento de fútbol de 1863 se conserva en la Universidad de Oxford y se publicó en una versión facsímil en el año 2006.

27. «Estoy más liado que la pata de un romano»

La forma gramatical de la frase «estar más liado que la pata de un romano» hace sospechar que es una expresión relativamente moderna que se utiliza en contextos poco formales.

La misma hace referencia a las sandalias que eran utilizadas por los antiguos romanos, que llevaban unas largas tiras de cuero desde la suela para así quedar bien sujetas al pie y no soltarse al caminar o al correr. Estas tiras iban atadas a lo largo de la pierna, dando vueltas alrededor de ella, desde el tobillo hasta pantorrilla, donde eran anudadas.

Todo hace pensar que la popularización de la imagen de los soldados del Imperio Romano a través de las películas hizo que se utilizase dicha expresión como sinónimo de estar muy liado, que, en un lenguaje menos coloquial, quiere decir tener mucho trabajo, tareas e incluso problemas.

28. «Pensando en las musarañas»

Cuando se dice de alguien que está pensando en las musarañas se utiliza para referirnos a que está absorto en pensamientos carentes de importancia, que se entretiene pensando en cosas de poco valor.

Muchas personas relacionan las musarañas con arácnidos, por la similitud del nombre, pero en realidad se trata de unos diminutos mamíferos muy parecidos a los ratones pero que no pertenecen a la familia de los roedores.

Las musarañas no tienen una actividad útil e importante, por lo que su presencia en el campo se considera intranscendente. Suelen aparecer en entornos agrícolas, saliendo en ocasiones desde la tierra hacia el exterior. A aquellos que estaban cosechando su campo y se distraían mirando como emergían se les decía que estaban mirando las musarañas, ya que estaban perdiendo el tiempo en lugar de estar trabajando. Con el tiempo se aplicó el dicho para aquellos que estaban absortos en sus pensamientos, sin hacer nada de provecho.

29. ¿Por qué algunos aviones dejan una estela en el cielo?

¿Alguna vez has mirado hacia el cielo y observado la estela, como una fina nube, que dejaba tras de sí un avión? Este fenómeno se conoce con el nombre de *contrail* [estela de condensación].

Cuando los aviones vuelan a una altura considerable, la temperatura exterior es bajísima (alrededor de los -40 °C) lo que provoca que, cuando el aparato en vuelo expulsa el aire caliente (combustible convulsionado) por sus tubos de escape se cristalice al entrar en contacto con la atmósfera. Este es el mismo efecto que ocurre para la formación de nubes. El hecho de que la estela sea mayor o menor depende de una serie de factores que hacen que se produzca este fenómeno: altura del avión, temperatura exterior, humedad en el ambiente...

Poco tienen que ver con este efecto las estelas artificiales de los aviones acrobáticos (que suelen ser de colores). Dado que su vuelo es a muy poca altura, para conseguir dejar las estelas con las que hacer dibujos en el aire se inyecta aceite al motor en el momento que el piloto quiere que aparezca cada estela. El color se lo da el uso de diferentes colorantes que se mezclan para crear ese efecto visual tan sorprendente.

Algunas personas, amantes de las teorías de la conspiración, afirman que las estelas de los aviones esconden productos químicos para causar daños a la población. A este fenómeno (sin demostrar) se le conoce con el nombre de *chemtrail* que proviene de *chemical trail* [estelas químicas].

30. ¿Por qué se les dan golpecitos a las jeringuillas antes de pincharnos?

Seguro que en más de una ocasión, cuando has ido a ponerte una inyección, has visto a la enfermera darle unos golpecitos a la jeringuilla justo antes de pincharte.

Esto se hace así porque cuando se aspira con una jeringuilla el contenido a inyectar desde un frasco existe la posibilidad de que, junto al medicamento, entre también un poco de aire en el depósito. Si este aire pasara a la sangre podría ocasionar lo que se conoce como embolismo gaseoso, bloqueando algún vaso sanguíneo. Este bloqueo podría tener consecuencias de diversos grados dependiendo del lugar donde se haya producido la inyección y de la cantidad de aire que haya pasado al organismo, aunque por regla general los problemas ocasionados, si se llega a producir ésta situación, son de carácter mínimo.

Para poder evitar estas incidencias se suele dar unos golpecitos secos en la jeringuilla, manteniéndola hacia arriba, para que el aire suba hacia la aguja y así poder expulsarlo antes de proceder a la inyección, ya que en el momento en que comience a salir líquido sabremos que está libre de aire.

31. ¿Cuál es el origen de la fiesta de Halloween?

El gran éxito de la película *La noche de Halloween* dirigida por John Carpenter en 1978, favoreció la popularidad de una fiesta que hasta ese momento era bastante ajena a nuestra cultura y costumbres. Estábamos bastante más acostumbrados a celebrar la víspera de Todos los Santos comiendo castañas, boniatos, *panellets,* huesos de santo y acudiendo a las tradicionales representaciones de *Don Juan Tenorio.*

El origen de la fiesta de Halloween es antiquísima y proviene del Samhain, una celebración celta en la que se celebraba el final de la época de las cosechas y se iniciaba un nuevo periodo, el Año Nuevo celta. Esa mezcla entre lo viejo y lo nuevo hacía que, los mitos y leyendas acerca de espíritus que regresaban y se mezclaban entre los vivos en aquella celebración, tomase un carácter misterioso, teniendo a la muerte como protagonista de la fiesta.

Existía la creencia que decía que los muertos se mezclaban con los vivos con la intención de llevarse algunas almas. La solución que tenían los humanos para engañarlos y no ser llevados era disfrazándose de espíritus malignos. La tradición se mantuvo entre los irlandeses aunque la adaptaron a una fiesta cristiana (el término *Halloween* proviene de la expresión «*All Hallows Eve*» [literalmente, víspera de Todos los Santos]).

La importante inmigración que hubo a partir de 1840 en la que más de tres millones de irlandeses se trasladaron hasta los Estados Unidos, hizo que éstos se llevasen consigo sus tradiciones y costumbres, siendo la de Halloween una de las más aceptadas y populares.

La tradición hablaba de un personaje imprescindible en la celebración: Jack *el tacaño,* a raíz del cual se creó la famosa calabaza hueca a la que se le añadía una vela y se utilizaba como linterna, de ahí su nombre: Jack-o'-lantern.

Originalmente, la linterna se realizaba con nabos o remolacha, pero, como todo en la vida, la celebración fue evolucionando y la falta de esos vegetales en Norteamérica hizo que se utilizase la popular calabaza, muy común en las cosechas de allí.

La fiesta de Halloween, en la que tanto adultos como niños se disfrazan y pasan una divertida a la vez que terrorífica noche, ha adquirido una popularidad inesperada, celebrándose en la actualidad prácticamente en todos los rincones del planeta y dejando aparcadas y/o semi olvidadas a muchas de las tradiciones locales que se realizaban en la víspera de Todos los Santos.

11. Noviembre

01. ¿Quiénes eran las plañideras?

Cuando alguien fallecía en el Antiguo Egipto, la familia del difunto contrataba a unas mujeres para que llorasen e hiciesen público el lamento y dolor de la familia. Estas eran llamadas las plañideras. En muchos casos la importancia del finado se medía por el número de plañideras que acudían al funeral.

La manera en que manifestaban el dolor era variada: a través de lamentos (que podían adoptar incluso la forma de gritos estentóreos y descontrolados), dándose golpes en el pecho (que a veces dejaban al descubierto), echándose tierra sobre la cara, cabeza y cuerpo (tratando con ello de ocultar la presumible belleza externa), o tirándose con energía de los cabellos (despeinándolos, o incluso arrancándolos); es decir, en conjunto, manifestando una conducta que diera sentida cuenta del profundo dolor que implicaba la pérdida de un ser querido, a través de un comportamiento claramente atípico y alejado del estado sosegado y tranquilo que era normal en la vida cotidiana.

Iban vestidas con una túnica de color gris-azulado, que era el color que se utilizaba para demostrar dolor o duelo.

02. ¿Desde cuándo llevan botones las mangas de las chaquetas de hombre?

Se dice que las mangas de las chaquetas masculinas comenzaron a diseñarse con botones en la época victoriana. En aquella época los médicos no tenían costumbre de quitarse la levita por deferencia a sus pacientes femeninas, pero las mangas cerradas en su totalidad les eran incomodas para poder realizar la exploración cómodamente ya que por su estrechez no podían subirlas. Así que se añadieron botones a las mangas para subsanar este problema.

Hasta aquí la versión hasta ahora más conocida y extendida del origen, pero, el diseñador de moda y autor de varios libros relacionados con el diseño, Alan Flusser apunta a Federico el Grande de Prusia como el impulsor e instaurador de esa costumbre. ¿El motivo? El rey buscaba que los soldados no utilizasen sus chaquetas como pañuelo. La colocación de unos botones en las mangas de sus casacas hacía que resultase molesto limpiarse los mocos en sus prendas de vestir.

03. El origen del chotis madrileño

No hay verbena castiza en la que no se pueda disfrutar de un chotis y unos chulapos bailando al son de la música producida por un organillo.

Pero por muy castizo que el chotis parezca, éste tiene una procedencia que no es precisamente de la Villa y Corte; ni tan siquiera de nuestro país.

La primera vez que se bailó un chotis en España fue el 3 de noviembre de 1850, en una fiesta organizada por la reina Isabel II en el Palacio Real de Madrid. En dicho evento, los músicos tocaron una polca alemana, también conocida como *schottisch,* que por aquel entonces estaba de moda en gran parte de Centroeuropa. Con los años el baile se popularizó en la capital del reino y su nombre fue españolizado y pasó de llamarse *schottisch* a ser conocido como chotis.

Todo parece indicar que el maestro organista de origen italiano, Antonio Apruzzese fue el pionero en tocar el chotis con un organillo, tal y como lo conocemos hoy en día.

Por su parte, el *schottisch* se expandió por diversos países latinoamericanos introducido por los inmigrantes alemanes y/o polacos que hasta allí viajaron.

04. ¿Cómo dicen los chinos que algo le suena a chino?

De todos es conocida la popular expresión «me suena a chino», ampliamente utilizada en castellano para referirnos a algo que nos resulta ininteligible. Pero ¿sabías que cada país tiene su propio idioma de referencia para manifestar su incomprensión?

Los noruegos, ingleses y portugueses dicen que algo les suena a griego cuando no entienden ni una sola palabra, mientras que a los italianos «les suena a arameo». A los franceses, les suena a hebreo. A los croatas, macedonios y checos... a español.

Por cierto, cuando un chino no entiende algo lo define delicadamente como «escritura celestial».

05. La batalla que ganaron las abejas soldado

El 5 de noviembre de 1914 el ejército colonial británico, con 8.000 soldados hindúes, se enfrentó en la Batalla de Tanga (Kenia, África Oriental) contra un millar de Askaris africanos que luchaban bajo bandera alemana.

La buena disposición táctica del comandante Paul Emil von Lettow-Vorbeck hizo que el ejército germano derrotase al dirigido por el general británico Arthur Aitken en una batalla sin precedentes.

El gran aliado del ejército alemán fueron unas abejas soldado que intervinieron de manera providencial, derrotando al ejercito de Su Graciosa Majestad el Rey Jorge VI del Reino Unido.

Pero dichas abejas no formaban parte del plan de guerra ni estaban «hábilmente adiestradas», tal como aseguró el rotativo inglés *The Times*.

Lo que en realidad pasó es que cuando los soldados bajo mando inglés desembarcaron, se encontraron con una zona pantanosa donde era imposible moverse. Los askaris lanzaron su ataque y de la marisma salieron enormes enjambres de abejas que, sorprendentemente, sólo atacaron a los indios, haciéndoles huir despavoridos.

06. ¿Cuándo empezó a usarse el talco para el aseo personal?

En 1878 se obtuvo la primera fórmula del boro talco en la farmacia *della Legazione Britannica* en Florencia gracias a *sir* Henry Roberts, un químico británico especialista en la preparación de medicamentos. Este compuesto fue el resultado del primer experimento de la interacción del talco y ácido bórico, mostró propiedades antitranspirantes, blanqueantes, calmantes y antisépticas. Con su patente, en 1904, comenzó a publicitarse y comercializarse como complemento para el aseo personal (especialmente indicado para el cuidado de los bebes).

07. ¿Cuál es el origen del laxante?

La primera sustancia que se usó como purgante fue un aceite amarillento extraído del arbusto del ricino que gozó de una gran popularidad en Mesopotamia y a lo largo del Nilo. El principal problema de este tipo de productos era su sabor, así que para hacerlo más agradable solía mezclarse con azúcar, miel o limón.

En el año 1905 un farmacéutico húngaro llamado Max Kiss descubrió que la fenolftaleína, que en aquella época utilizaban como aditivo parte de los bodegueros locales, poseía un efecto laxante.

Kiss mezcló la fenolftaleína con chocolate para producir un laxante comercial de sabor apetecible. Llamó a su producto Ex-Lax, abreviatura de «Excelente Laxante» llegando a vender más de 500 millones de dosis al año.

08. El logotipo de los Rolling Stones

Si alguien nombra a los Rolling Stones, lo más probable es que de inmediato acuda a nuestra mente el que posiblemente es el logotipo más famoso del mundo: la lengua roja saliendo de unos carnosos labios. Durante muchísimo tiempo se atribuyó la autoría de dicho logo a Andy Warhol, cuando realmente su creador es John Pasche, pero el porqué de esta confusión tiene su explicación.

A principios de los años 70, The Rolling Stones estaban trabajando en la preparación de su nuevo disco *Sticky Fingers*. En la funda interior del disco, por primera, vez se utilizó un nuevo logo, la lengua, cuyo diseño fue encargado por Mick Jagger a un joven artista llamado John Pasche que recibió la cantidad de 50 libras esterlinas por su trabajo (al cambio, unos 74 euros actuales).

Pero para el diseño de su portada se contó con la colaboración de uno de los artistas más innovadores e importantes de ese tiempo, el neoyorquino (nacido en Pittsburgh) Andy Warhol, quien diseñó una portada con la fotografía de unos pantalones vaqueros con una cremallera real que se podía bajar y que destacaba los atributos genitales del modelo utilizado. Y de ahí que se atribuyese erróneamente el diseño del logotipo al artista pop estadounidense.

En España dicha portada fue censurada y se decidió publicar el disco con una imagen de una lata de mermelada del que salían los pegajosos dedos [sticky fingers] a los que hacía referencia el título original. A pesar de que la imagen diseñada por Warhol fue elegida como una de las cincuenta mejores portadas de la historia, la versión española se cotiza como una rareza entre los coleccionistas de objetos y discos relacionados con sus satánicas majestades.

09. ¿Cuál es el origen de los ganchitos?

Morrie Yohai los inventó en la fábrica de comestibles Old London Foods (originalmente King Kone Corporation) que tenía su padre en el Bronx, la cual producía diferentes tipos de aperitivos como gofres y palomitas de caramelo.

A finales de los años 50 Yohai investigaba nuevos productos cuando se fijó en una máquina que procesaba harina de maíz, la amasaba en rectángulos pequeños y estos se abrían como las palomitas. Decidió cortar la masa en tiras más pequeñas, ligeramente curvadas como ganchos, y añadirles sal y queso cheddar (de ahí su color anaranjado), cocinándolas en el horno y no fritas, para que fueran lo más sanas posible.

Así se origino el Cheez Doodle [Cheez, adaptación fonética de la palabra cheese, queso en inglés; y doodle, que significa garabato…], más conocidos como ganchitos, por su forma, en España.

10. El limpiaparabrisas

Mary Anderson (1866-1953) era una de esas mujeres emprendedoras y capaces de todo. Lo curioso es el tiempo en el que desarrolló toda su actividad: desde finales del siglo XIX hasta mediados del XX.

Nació en el condado de Greene (Alabama) en un entorno rural. En 1889, tras enviudar su madre, se trasladó con esta y su hermana a la principal ciudad del Estado (Birmingham), en pleno auge económico. Allí abrió el hotel Fairmont. En 1893 se mudó a Fresno (California), donde montó una viña y una ganadería.

Cierto día del invierno de 1902, Mary Anderson tuvo que viajar hasta Nueva York. Estaba nevando muchísimo y observó cómo los conductores tenían que irse bajando continuamente de sus automóviles para ir limpiando y apartando la nieve de los parabrisas. Fue entonces cuando pensó en algún tipo de dispositivo que accionándolo desde dentro del automóvil limpiase el parabrisas de nieve y lluvia.

Trabajó en el desarrollo del invento y un año después, el 18 de junio de 1903, presentó el proyecto en la oficina de patentes.

El 10 de noviembre de 1903 se le concedió una patente por 17 años y Mary Anderson se dedicó a ofrecer su invención a las diferentes compañías y empresas de automoción, pero todas rechazaban el artilugio porque no le encontraban utilidad alguna. Más de uno se rió del invento y algunos *expertos* vaticinaron que los limpiaparabrisas provocarían más de un accidente debido a que el movimiento distraería la atención de los conductores.

Eran tiempos en los que muy pocas personas disponían de un coche. Pero las risas y burlas pronto acabarían. En 1908 Henry Ford presentó su modelo T que incorporaba limpiaparabrisas y en 1913 la práctica totalidad de automóviles que se fabricaban en Norteamérica lo llevaba de serie.

11. El primer minuto de silencio

En realidad el primer minuto de silencio fueron dos.Se produjo a las 11 horas del 11 de noviembre de 1919. El motivo: rendir homenaje a las víctimas y damnificados de la Primera Guerra Mundial en el primer aniversario del fin de la contienda.

La idea de guardar esos dos minutos de silencio surgió de Edward Honey, periodista y soldado australiano que sirvió en el ejército británico durante la Primera Guerra Mundial.

Tras la guerra se afincó en Londres y el 8 de mayo de 1919 envió una carta al *Evening News* bajo el pseudónimo de Warren Foster. En la misiva sugería una conmemoración adecuada para el primer aniversario del tratado de armisticio que marcó el final de la Primera Guerra Mundial, firmado el 11 de noviembre 1918 en la «hora undécima del undécimo día del undécimo mes».

A Honey le había molestado ver como la gente salió a la calle bailando y cantando para celebrar el fin de la guerra y estaba convencido de que guardar un par de minutos de silencio era lo más acorde para honrar la memoria de los fallecidos a causa de la guerra.

Todo parece indicar que tras varias gestiones la idea de guardar dos minutos de silencio llegó hasta el rey Jorge V y éste dio el visto bueno para que se llevase a cabo.

Durante mucho tiempo se tenía el convencimiento de que fue el político sudafricano *sir* Percy Fitzpatrick quien ideó el minuto de silencio, ya que envió el 27 de octubre de 1919 una carta al secretario personal del rey Jorge V proponiéndoselo. Con los años se demostró que cinco meses antes, Edward Honey había enviado su carta al *Evening News*.

12. «No hay tu tía»

Esta expresión utilizada coloquialmente para referirse que no hay remedio respecto a alguna cosa e incluso se llega a utilizar para decir que no hay manera de que ocurra algo o es imposible: «Estoy desesperado, no hay tu tía de que me haga caso».

En realidad la frase es una derivación errónea de la original «no hay atutía». La atutía era el resto de óxido de cinc que quedaba adherido en las paredes de los hornos tras la fundición del latón (aleación de cobre y cinc).

Siguiendo la receta de la antigua medicina árabe, de donde procede la palabra, se preparaba un ungüento medicinal preparado con este hollín de óxido de cinc y que era utilizado para curar todo tipo de enfermedades, sobre todo oculares.

Con el transcurrir de los siglos la palabra perdió la primera letra, quedando en «tutía» y así es como debería escribirse la famosa expresión: «No hay tutía».

13. ¿Cuál es el origen del papel de celofán?

Seguro que en más de una ocasión has tenido la oportunidad de tener papel de celofán en tus manos, ya sea porque lo necesitabas para envolver un regalo o este venía como envoltorio de algún producto alimentario o incluso para hacer algún trabajo o manualidades de la escuela.

Su invención se produjo, como tantas otras veces, por puro azar, ya que su inventor, el químico suizo Jacques Edwin Brandenberger, estaba trabajando en la creación de algún tipo de mantel de tela que llevase incorporado una capa de un material impermeable que evitase que se manchase si se derramaba algún líquido en la mesa.

Tras infinidad de ensayos, en 1908 vio que no era posible poder incorporar esa capa transparente y aislante a la tela, pero observó cómo la fina hoja se separaba del mantel y tenía suficiente resistencia para poder ser utilizada en otros muchos cometidos, sobre todo encaminados a la protección y envoltorio de alimentos.

14. ¿Cuál es el origen del sándwich?

El británico John Montagu, IV conde de Sandwich, fue enviado en 1746 como comisionado para tomar parte en las negociaciones que se llevaban a cabo en Aquisgrán, con el propósito de conseguir la firma de un tratado de paz que pusiera fin a la Guerra de Sucesión Austríaca que llevaba en marcha desde 1740.

Fueron dos años de largas conversaciones, por lo que en los ratos de ocio durante las negociaciones Montagu aprovechaba para jugar largas partidas de naipes que lo mantenían absorto durante un gran número de horas.

Su afición al juego de cartas lo llevaba a disputar largas partidas, lo que provocaba que, en más de una ocasión, ni siquiera se levantase de la mesa de juego para acudir a comer. Para ello, sus asistentes se las ingeniaron para poder servirle en la misma mesa donde jugaba un plato conteniendo una serie de alimentos que podían ser ingeridos fríos, como fiambres y carnes adobadas. Para evitar mancharse las manos, el conde colocaba los alimentos entre dos rebanadas de pan, lo que le permitía tener una de las dos manos libres y así poder seguir jugando.

Rápidamente se popularizó entre todos los presentes adquiriendo el nombre de sándwich y aunque algunas fuentes indican que fue el propio conde el que mandó que se le sirviera de ese modo, otros historiadores apuestan por la hipótesis de que fue ocurrencia de sus asistentes.

15. Deuda saldada

El rico comerciante Juan Daens concedió un préstamo económico al rey Carlos V, tras la solicitud del dinero por parte de éste. Para cerrar el trato se decidió celebrar un banquete en casa del prestamista, por lo que el monarca se trasladó hasta allí y fue agasajado con todo tipo de manjares.

Al finalizar la comida, Juan Daens hizo llamar a su criado que se presentó portando una bandeja que contenía varios trozos de madera como los que se utilizaban a modo de cerilla en aquella época. Lo encendió y sacó el recibo en el que figuraba el préstamo concedido al rey y mientras lo quemaba dijo: «Gran Señor, después de hacerme el honor de comer en mi casa, nada me debéis».

16. ¿Qué tienen las tarántulas que ver con el baile de la tarantela?

La tarántula es una enorme araña peluda cuya picadura puede causar bastante dolor, pero no la muerte como durante muchísimos años se ha creído y divulgado. Su nombre proviene de la ciudad de Tarento, situada al sur de Italia y en la que, debido a su climatología, abundan las arañas de esa especie.

En la Edad Media se tenía la falsa creencia que si una persona era picada por una tarántula, le sobrevenía una crisis de convulsiones y ataques que provocaban que acabase saltando, para así evitar la locura o la propia muerte.

La similitud de esas convulsiones y espasmos con el baile típico de la región, que se realizaba a base de saltos y cuyo ritmo se va acelerando a medida que van tocando los músicos, provocó que esta danza acabase siendo conocida como *tarantela,* aunque nada tuviera que tener en su origen con la picadura de una tarántula.

17. ¿Por qué la sede de la policía londinense se conoce como Scotland Yard?

Originalmente, la ubicación del cuerpo de Policía estaba en el número 4 de Whitehall Place, cuya parte trasera daba a un patio: *the Great Scotland Yard* [el Gran Patio de Escocia]. El patio se denominaba así porque en el mismo lugar, años atrás, se ubicaba un palacio medieval que servía de residencia a la realeza escocesa en sus visitas a Londres.

Fue tal la popularidad que alcanzó el nombre de la sede policial que, en su traslado de ubicación, a mediados de los años 60 del siglo XX al nuevo edificio se le llamó New Scotland Yard.

18. Servido por el rey

Estaba pintando un retrato de Carlos V, cuando al pintor Tiziano se le cayó al suelo uno de sus pinceles.

El rey, estando más cerca del objeto, se agacho, cogió el pincel y se lo dio al pintor, mientras le decía: «Merecedor es Tiziano de ser servido por el César».

19. «Meterse en un berenjenal»

Meterse en un berenjenal es el acto de meterte en un embrollo y/o en una situación de la que es difícil salir.

El dicho tiene un origen rural y hace referencia a que las nervaduras de las hojas de la planta de la berenjena tienen pequeñas espinas. De esta forma, si te metes en un berenjenal sin tener el debido cuidado, puedes salir lleno de pinchazos y arañazos.

En relación a lo espinoso de los berenjenales, existe una antigua copla de origen leonés que dice así:

«El pimiento ha de ser verde, / los tomates colorados,
la berenjena espinosa, / y los amores callados».

20. «Salvado por la campana»

Durante mucho tiempo se ha tenido la certeza de que la expresión «salvado por la campana» provenía de una antigua costumbre de colocar una campana en el exterior del ataúd, por si el fallecido había padecido un ataque de catalepsia y despertaba para poder avisar que estaba vivo y ser desenterrado. Y, aunque en realidad han existido algunos modelos de féretros que han incorporado una campanilla a petición del la familia del difunto o por encargo adelantado, no es éste el verdadero origen del dicho.

En realidad la frase viene del mundo del boxeo. Durante los combates, el final de cada asalto o del combate en sí es avisado a través del sonido de una campana que es golpeada por uno de los jueces de la pelea.

En más de una ocasión uno de los dos contrincantes está a punto de caer y perder el combate a causa del número de puñetazos recibidos pero el sonido del final del asalto le da un precioso tiempo para reponerse, quedando literalmente «salvado por la campana».

21. ¿Cuál es el origen del algodón de azúcar de las ferias?

No hay feria que se precie sin un puesto ambulante que venda el rico y pegajoso algodón de azúcar.

Las primeras noticias que se tienen del algodón de azúcar se encuentran en Italia en el siglo XV. Allí algunos cocineros calentaban azúcar hasta hacer un caramelo líquido y posteriormente formar unos hilos con un utensilio que se utilizaban para decorar productos de repostería.

Pero a nivel industrial tal y como lo conocemos hoy, surgió con la fabricación de la primera máquina para hacer algodón de azúcar presentada por los inventores William Morrison y John C. Wharton en la Feria Mundial celebrada en Francia en el año 1900. En realidad se trataba de una sencilla máquina a la que se le añadía agua, azúcar y colorante y creaba unas hebras que se enrollaban en un palo de madera. El invento tuvo gran éxito, recorriendo las diferentes ferias mundiales que se celebraron en los siguientes años y consiguiendo vender un gran número de máquinas.

En cada lugar tiene un nombre diferente: en los países anglosajones se llama *cotton candy* [algodón de caramelo] y en Francia es conocido como *barbe à papa* [barba de papá]. Anecdóticamente, en los años 70 se creó un personaje de dibujos animados que representaba una nube de color rosa y que se llamaba Barbapapá. La popularización de los dibujos fue tal que el algodón de azúcar acabó siendo conocido en muchos puntos del planeta como Barbapapá.

22. ¿Existe la kriptonita?

La kriptonita es el material que hacía perder los poderes a Superman en las aventuras de este conocido superhéroe, pero que, como el planeta de origen del personaje (Kriptón), en realidad no existe.

Lo que sí existe es un material que tiene los mismos elementos minerales que contenía la kriptonita de ficción: sodio, litio, boro, silicatos e hidróxidos. Fue hallado en una mina llamada Jadar que se encuentra en Serbia y la sorpresa del investigador encargado de custodiarla fue que al realizar una búsqueda en Internet con todos los elementos que contenía la nueva pieza, se encontró con el famoso mineral ficticio también los tenía.

La diferencia entre uno y otro es que el mineral real no es de color verde. Sobre su posible efecto sobre los poderes de Superman, mucho tememos que la existencia sólo en el terreno de la ficción del superhéroe, nos impide hacer pruebas científicas que demuestren o pongan en entredicho esas características.

El nuevo material ha sido bautizado como jadarita en honor a la mina donde fue encontrada, ya que el nombre kriptón ya existe dentro de la tabla periódica de elementos.

23. El té de las cinco

A pesar de tener una antigüedad de más de 4.000 años y proceder de China, el té es sin lugar a dudas la bebida más popular en el Reino Unido y el hecho de tomarlo a las cinco de la tarde se ha convertido en una de las costumbres más típicas que tienen los británicos.

Pocas referencias históricas hay respecto al momento preciso en el que se comenzó a poner de moda este ritual, pero la mayor parte de historiadores y fuentes apuntan hacia la persona de *Lady* Anna María Stanhope, duquesa de Bedford, como la persona que lo puso en práctica con sus amistades de la alta sociedad en plena era victoriana.

Todo parece indicar que un día de la década de 1840, la duquesa despertó de una cabezada que había dado tras el almuerzo y sintió que tenía una sensación de vacío en el estómago. Como su antojo coincidía con una visita a la mansión de Woburn Abbey donde residía, decidió pedir a sus sirvientes que preparasen unas tazas de té acompañadas de pastitas y sándwiches.

La idea le agradó y vio como esa sensación de hambre a media tarde desaparecía, por lo que decidió poner en marcha esta costumbre como rutina habitual. Entre las invitadas que acudieron asiduamente a tomar el té de las cinco en la mansión de Lady Anna se encontraba la mismísima reina Victoria, muy amante de este tipo de costumbres.

Algunos datos indican que al principio el ritual se realizaba a las cuatro de la tarde, pero al llegar el verano y debido al calor de esa hora del día, se decidió retrasarlo sesenta minutos, quedando finalmente establecido como el té de las cinco.

24. ¿Tienen algo que ver los bueyes con la palabra cónyuge?

Sí, y no sólo con los bueyes, también con las mulas. Ésta es la explicación. Según el Diccionario de la RAE, la palabra cónyuge quiere decir «marido y mujer respectivamente» y proviene del latín *coniux/coni gis,* de idéntico significado. Estas palabras provienen de *iugum* que es el nombre que recibía el yugo en latín.

El yugo es el instrumento de madera que, desde la antigüedad, ha servido para mantener unidos a dos mulos o bueyes por el cuello y así realizar el trabajo de arar conjuntamente.

El hecho simbólico de que los cónyuges deben ir unidos y trabajar conjuntamente por un mismo propósito explica la adaptación de la palabra para designar a los miembros de un matrimonio.

25. ¿Por qué se conoce a Écija como «la sartén de Andalucía»?

Écija es un municipio perteneciente a la provincia de Sevilla, más conocido con el sobrenombre de «la sartén de Andalucía» debido a sus elevadísimas temperaturas en verano, propiciadas por el hecho de encontrarse en un valle, el Valle del Genil, que hace que el calor se concentre más. Popularmente se dice que los días de más calor es posible freír un huevo en el asfalto con sólo la temperatura que da el sol.

26. ¿Cuál es el origen de las risas enlatadas en televisión?

Es habitual en ciertas series y comedias de situación que las escenas cómicas se refuercen con unas risas de fondo que pretenden simular a un público presente, pero que en realidad son grabadas: las conocidas risas enlatadas.

Anteriormente a la aparición de la televisión las obras de teatro y programas de radio ya se realizaban en directo y con público. Al aparecer la televisión se pretendió emular esta situación, para que los espectadores se sintieran más familiarizados con este nuevo formato, añadiendo a los programas grabados risas *enlatadas* (dado que las grabaciones se protegían guardándolas en estuches de lata). Éstas también se utilizaban aunque la grabación fuera con público en directo, ya que así se controlaba la reacción del público a voluntad, dándole a las risas la duración y la intensidad deseada.

Se dice que el primer programa de televisión en usar risas grabadas fue *The Hank McCune Show* en 1950. Charlie Douglas, un ingeniero de sonido, desarrolló con posterioridad una máquina (la llamada Laff Box) que no sólo reproducía risas, sino quejidos, suspiros, aplausos y todo tipo de reacciones, incluso risas de gente de otras culturas, cuyo sonido era bien diferente a los americanos. Esta técnica de edición se conocía como *sweetening* [endulzar].

27. El antiguo mito sobre las amapolas y el opio

Circula desde hace mucho tiempo una leyenda urbana que dice que el opio se extrae de la amapola silvestre. Esta planta cuyo nombre binomial es *papaver rhoeas* es una vistosa flor de color rojo y es muy común verla crecer en campos y descampados a los lados de la carretera.

Muchas son las historias que corren alrededor de las amapolas en las que indican todo tipo de hechos que relacionan directamente a la planta con la droga. Por eso es muy común cuando surgen las amapolas en algún terreno, su propietario se encargue de arrancarlas rápidamente.

Lo que ha llevado a la confusión a muchas personas para relacionar a las amapolas con la extracción de opio es su gran parecido con otra planta muy similar llamada adormidera *[papaver somniferum]* pero sus hojas o pétalos son blancas, rosáceas o violeta claro.

De la adormidera sí que se extrae el opio debido a que posee un gran número de alcaloides como la morfina, la papaverina o la codeína. Su toxicidad desaconseja su consumo continuado.

Respecto a la amapola, lo que sí es cierto es que puede resultar ligeramente venenosa si es ingerida por animales herbívoros. Los alcaloides contenidos en la flor tienen propiedades sedantes, por lo que es utilizada por algunas personas para realizar infusiones, que se recomiendan en casos de insomnio, ansiedad, depresión, nerviosismo. Otras de sus propiedades son sus efectos expectorantes y su uso para combatir la tos.

28. ¿Qué es el efecto nocebo?

Sobradamente conocido es el efecto placebo y sus causas, que provocan que un paciente note una mejoría creyendo que una determinada medicina le está funcionando bien, cuando en realidad lo que está tomando es un compuesto inocuo (normalmente agua con colorante o cápsulas de azúcar o bicarbonato).

Sin embargo, en los últimos tiempos está apareciendo también generado por la sugestión de los pacientes pero con un efecto contrario al del placebo: el efecto nocebo. Su característica principal es la capacidad de rechazo y convencimiento que tienen algunos pacientes de que el tratamiento médico no tiene ningún efecto positivo para su enfermedad.

Los afectados por el nocebo manifiestan un empeoramiento en los síntomas causado (según éstos) por un mal diagnóstico y una incorrecta medicación.

Tras múltiples pruebas y estudios, los investigadores han podido determinar que el efecto nocebo viene provocado por las propias expectativas pesimistas del paciente, que acude ya predispuesto al fracaso en el diagnóstico y evolución de la enfermedad, incluso antes de entrar en la consulta.

29. El mejor espía del mundo

Se llamaba Richebourg, era de origen francés y medía tan sólo 58 centímetros. Fue precisamente esta característica la que le permitiría alcanzar grandes logros como espía.

Fue reclutado para combatir en la Revolución Francesa y cruzar las líneas enemigas con objeto de conseguir e intercambiar información. El método utilizado era de lo más rocambolesco: Richebourg era cuidadosamente afeitado y vestido de bebe, metido en un carrito y tapado para dejar ver sus facciones lo mínimo imprescindible, así disfrazado pasaba la frontera acompañado de una anciana y sin despertar la más mínima sospecha.

Tiempo más tarde la táctica se fue perfeccionando y el carrito en el que iba Richebourg se dejaba junto a oficiales del gobierno o guardias para que lo vigilaran un momento mientras la cuidadora se excusaba diciendo que tenía que ir a hacer un recado. Era entonces cuando el espía intentaba captar información entre las charlas despreocupadas de los oficiales que no sabían que no estaban en presencia de un inocente bebe.

30. ¿Sabías que es posible pronunciar una frase sin una sola vocal?

Eso es factible cuando hablas checo. Existe un trabalenguas muy popular que dice así *«Str prst skrz krk»* y que significa «Mete el dedo en la garganta», de hecho es tan famoso que existen camisetas con esta frase y es el subtítulo de cabecera de la revista suiza *La Distinction*.

Es muy común por parte de los checos pedirle a una persona que está empezando a aprender el idioma que la pronuncie, dada su dificultad, y también se suele utilizar para comprobar que alguien no está bebido.

12. Diciembre

01. ¿De dónde surge la tradición de celebrar la Nochevieja bajo el reloj de la Puerta del Sol?

Cada 31 de diciembre, miles de personas se concentran bajo el reloj de la Puerta del Sol de Madrid para despedir al viejo y dar la bienvenida al nuevo año.

El simbolismo del lugar, al ser el kilómetro cero de todas las carreteras radiales que parten desde la capital de España, sumado a la majestuosidad del edificio donde está enclavado el reloj, hizo que fuese el punto elegido por los madrileños de antaño para celebrar la llegada del nuevo año.

Desde que se colocó en 1866 el reloj en la torre de la Casa de Correos (actual sede de la Presidencia de la Comunidad de Madrid) bastantes eran las personas que se dejaban caer por allí el último día del año y esperaban escuchar sonar las doce campanadas que les anunciaba el cambio de dígito.

Eran tiempos en los que no era habitual tener un reloj en los hogares y en el que las familias al completo iban a recibir el año nuevo frente al reloj público o campanario más cercano. En los pueblos era típico reunirse en la plaza del ayuntamiento.

La entrada en el siglo XX, la Nochevieja de 1899, concentró al mayor número de curiosos hasta esa fecha en la Puerta del Sol.

La llegada de la radio a muchos hogares hizo que cada vez fuera menor la afluencia a las plazas y lugares públicos, pasando a celebrarse cada vez más en fiestas privadas en casas, restaurantes y hoteles, donde escuchaban la retransmisión radiofónica de las doce campanadas.

La celebración tal y como la conocemos actualmente, con cotillón y fiesta a lo grande, es una costumbre importada desde EE.UU., donde a partir de 1907 se impuso la moda de despedir multitudinariamente el año en la calle desde la famosísima plaza de Times Square. Poco a poco el festejo popular y callejero se fue imponiendo en nuestro país.

02. El origen de la palabra *guiri*

En España en muy común llamar coloquialmente *guiri* a un turista. Según el diccionario de la RAE, la palabra proviene del término en euskera *Guiristino* [Cristino], apelativo con el que, durante las guerras civiles del siglo XIX, los carlistas designaban a los partidarios de la reina Cristina y, después, a todos los liberales, y en especial a los soldados del gobierno.

03. «Y viva España»

Posiblemente es la canción más tarareada y cantada cuando se disputa cualquier partido de la selección española y fue una de las más escuchadas durante la disputa del último campeonato mundial de fútbol en el que España se proclamó campeona del mundo. Para muchos es más que una canción: es un himno. Pero, ¿sabías que su origen no es español?

Corría el año 1972, Christina Bervoets tenía 24 años y una prometedora carrera musical bajo el nombre artístico de Samantha. Cierto día su productor le ofreció la oportunidad de grabar un nuevo tema, con una simplona pero pegadiza melodía, que se titularía «Eviva España». La canción había sido encargada al compositor Leo Caerts, un belga cuyo destino vacacional solía ser la soleada costa española. Todos pensaban que sería un auténtico bombazo… Y lo fue. En tan sólo un año el tema vendió 127.000 discos en Bélgica y 475.000 en el resto del mundo. Manuel De Gómez, un empleado de la embajada española en Bruselas, se encargó de escribir una versión en español y Samantha fue invitada a viajar a Madrid y Barcelona para actuar en varios actos y programas de televisión.

Un buen día de 1973 esta canción llego a manos de Manolo Escobar, por entonces el artista que más discos vendía y más películas rodaba. El resto ya lo conocemos, «Eviva España» pasó a titularse «Y viva España» y con el tiempo el tema se ha considerado como uno de los himnos más importantes y cantados de este país. Las cifras de ventas han alcanzado los más de 40 millones de discos en todo el mundo.

En la actualidad, Christina Bervoets tiene más de 60 años y vive en una modesta planta baja en las afueras de Amberes y, a causa de una esclerosis múltiple, se encuentra en una silla de ruedas desde hace algunos años.

Leo Caerts vive retirado en una enorme casa en un barrio residencial cercano a Bruselas. Cada año le siguen llegando los pagos por los derechos de autor de la que sin duda es una de las canciones más famosas y cantadas de la historia.

Por su parte Manolo Escobar, que fijó su residencia en Benidorm –en su chalet «El Porompompero»–, siguió al pie del cañón actuando de tanto en tanto en galas y programas de televisión y ha sido considerado como uno de los artistas más prolíficos de España, con más de 700 canciones grabadas y 17 películas protagonizadas. Falleció a los 82 años de edad, el 24 de octubre de 2013, víctima de un cáncer.

04. El curioso origen del refresco Fanta

Detrás del origen del refresco Fanta hay una curiosa historia que nos traslada a la Alemania Nazi de 1941. La compañía Coca-Cola en Alemania operaba de manera autónoma desde 1929 en territorio germano. Allí era, y sigue siendo, conocida como Coca-Cola GmbH.

Durante la Segunda Guerra Mundial, Alemania sufrió el bloqueo aliado, lo que llevó a no poder recibir el sirope (cuya fórmula era secreta) para producir el famoso refresco de cola. Max Keith, uno de los directivos de la empresa, tuvo que ingeniárselas para crear un nuevo refresco que hiciera las delicias de los consumidores.

Evidentemente no podía hacer otra bebida de cola, ya que entraría en directa competencia con la que ellos comercializaban a través de la franquicia y que esperaban seguir fabricando una vez que acabase el bloqueo.

Max Keith pensó en una bebida refrescante a base de zumo de fruta y el primer sabor por el que se apostó fue el de naranja. Que una bebida de frutas estuviera carbonatada era un concepto innovador, lo que hacía prever que sería todo un éxito.

Ahora sólo faltaba encontrar un nombre efectivo al nuevo producto, así que se instó, a través de un concurso, a todos los trabajadores de la empresa a que aportasen ideas para bautizar al refresco e invitaba a todos a dejar volar su fantasía en busca de un nombre adecuado.

Joe Knipp, uno de los operarios de la fábrica, al escuchar la propuesta y la palabra fantasía *[fantasie,* en alemán] tuvo la rápida ocurrencia de proponer el nombre de Fanta.

05. ¿Por qué nos ponemos a tiritar cuando tenemos frío?

La tiritera que nos entra cuando tenemos frío no es más que un mecanismo de defensa, que pone en marcha nuestro organismo, en el que se contraen y relajan, rápida y repetidamente, algunos de nuestros músculos. Ello viene provocado por nuestra condición de seres homeotermos, es decir, nuestro cuerpo regula y mantiene constante su temperatura.

Con esos espasmos musculares se pretende generar calor y así evitar que nuestros órganos internos bajen de los 37 grados; la temperatura óptima para funcionar perfectamente.

06. ¿De dónde viene la costumbre de llamar esclava a cierto tipo de pulseras?

Este tipo de pulseras consta de una cadena de eslabones con una placa en el centro.

Dichos eslabones son similares a los grilletes que sujetaban a los esclavos por las muñecas o tobillos de ahí su nombre.

También son popularmente conocidas como *nomeolvides,* ya que en el anverso suelen llevar escrito el nombre o iniciales de la persona que las lleva y en el reverso una fecha señalada o aniversario especial.

07. ¿Cuál es el origen del uso del orinal?

Este objeto, ya prácticamente desaparecido hoy en día, viene utilizándose desde antiguo, teniendo noticias de su uso por parte de los guerreros de Xian en China y de los egipcios en la XIX dinastía.

A lo largo de los siglos ha ido cambiando de nombre (bacinilla, cuña, *perico),* forma y materiales (cerámica, estaño, hierro, bronce, loza, plástico), llegando a convertirse en ocasiones en una verdadera obra de arte o elemento de ostentación por estar hecho de un material noble como la plata o incluso el oro, como es el caso del perteneciente al emperador Heliogabalo. En la Roma clásica se fabricaban en bronce y se denominaba *matula* o *matella* formando parte del mobiliario. A partir del siglo XVII se comenzaron a fabricar en gres y porcelana. Durante una época fue costumbre colocar un ojo pintado en el fondo del orinal, con la inscripción «¡Te veo!» o «¡Lo que he de ver!».

Tiene su origen en el vaciado de los orinales hacia la vía pública la expresión «¡agua va!» cuando en las casas no había un sistema de cañerías y el contenido de los orines era lanzado a la calle, sin fijarse si pasaba por allí algún transeúnte. Aunque teóricamente había que hacerlo a unas horas determinadas y avisar de lo que se iba a hacer (con el grito «¡agua va!»), no todo el mundo cumplía con este requisito. En la actualidad esta expresión se utiliza para avisar de que vamos a realizar una acción y así prevenir a los demás de sus posibles consecuencias

En Ciudad Rodrigo (Salamanca), se ubica el Museo del Orinal, que recoge unas 1.320 piezas procedentes de 27 países diferentes, fabricados con todo tipo de materiales como barro, hojalata, madera, cristal, oro o plata. El más antiguo es un bacín islámico del siglo XIII hecho de barro y adornado con pinceladas de óxido de cobalto. El ejemplar más pequeño tiene el tamaño de un garbanzo y está hecho por un joyero suizo en platino, mientras que el más grande es de barro, mide 45 centímetros de altura y es originario de la misma Ciudad Rodrigo.

08. «Elemental, querido Watson»

¿Quién no conoce al famoso detective británico Sherlock Holmes y no recuerda su famosa frase «Elemental, querido Watson»? Pero… ¿sabías que en ninguna de las novelas escritas por *sir* Arthur Conan Doyle el protagonista de sus aventuras dice en momento alguno ese latiguillo?

Sí es correcto que Sherlock Holmes había dicho en alguna ocasión (no siempre) la palabra «elemental» y en otras «mi querido Watson» pero por separado y en contextos diferentes. La primera vez que apareció la famosa frase fue en una película de 1939 (nueve años después de la muerte de *sir* Arthur Conan Doyle) titulada *Las aventuras de Sherlock Holmes*. A partir de ahí se popularizó, utilizándose en múltiples largometrajes, series y nuevas aventuras escritas por otros autores.

09. ¿Por qué la mayoría de las plantas son verdes?

El color verde de la mayoría de las plantas es debido a la clorofila, un pigmento que es capaz de absorber todos los colores que componen la luz blanca del sol, menos el color verde. Pero la función principal de la clorofila no es darle color a las plantas, sino proporcionarles alimento gracias a la combinación que hace con el dióxido de carbono.

Otros pigmentos como los taninos, las xantofilas, el caroteno o las carotenoides son los que se ocupan de darle otros colores a las plantas y hojas y según la combinación de estos en mayor o menor proporción hacen que aparezcan colores como el rojo, marrón, amarillo, naranja...

10. Escepticismo médico

Se cuenta que en el año 1780 el Rey Federico II *el Grande* de Prusia era un gran escéptico respecto a los avances de la medicina y que, en una ocasión, preguntó a su médico personal, el doctor Johann Georg Zimmermann: «Decidme sinceramente, doctor: ¿de cuántos pacientes lleva su muerte en la conciencia?». A lo que el galeno respondió: «De unos trescientos mil menos que Vos, Majestad».

11. ¿Por qué a los fantasmas se les representa con una sábana y cadenas?

Es habitual ver representada la figura de un fantasma bajo una sábana blanca y portando grilletes o cadenas.

El origen de representarlos así viene, por un lado, de una de las cartas escritas en el siglo I por Plinio el joven (libro VII carta 27ª), en la que nos encontramos con la figura del espectro o fantasma arrastrando unas cadenas:

«[...] En el silencio de la noche se oía un ruido y, si prestabas atención, primero se escuchaba el estrépito de unas cadenas a lo lejos, y luego ya muy cerca. A continuación aparecía una imagen, un anciano consumido por la flacura y la podredumbre, de larga barba y cabello erizado; grilletes en los pies y cadenas en las manos que agitaba y sacudía [...]».

Los expertos explican que las cadenas simbolizan las ataduras que tenían los difuntos en la vida terrenal, los pecados, aquellas cosas pendientes que debían resolver y por eso volvían.

Por otra parte, el hecho de que a menudo se les represente con una sábana se popularizó en la Edad Media. Desde antiguo era costumbre que a la hora de enterrar a los difuntos se hiciera envolviendo a éstos en un sudario. De hecho, según cuenta la Biblia, a Jesucristo lo envolvieron en una sábana.

El mito del muerto que vuelve al mundo de los vivos ha sido utilizado en muchísimas ocasiones. Así que, ¿qué mejor que representarlo con la vestimenta (el sudario) con la que eran enterrados y esas cadenas representando aquellas cosas pendientes que dejaron sin resolver?

12. ¿Cuál es el origen de la Flor de Pascua?

Cada año, al llegar las fechas próximas a la Navidad, muchos son los hogares que entre su decoración tienen una llamativa y hermosa planta conocida comúnmente como Flor de Pascua, Flor de Navidad o Poinsettia.

Esta planta originaria de Centroamérica, muy común en México, tenía un importante simbolismo para la cultura azteca, donde se utilizaba como remedio medicinal y como ofrenda a los dioses.

En el siglo XVI, frailes franciscanos que se encontraban evangelizando a la población de Taxco de Alarcón (México) ya la utilizaban como adorno floral durante las fiestas navideñas y así consta en un relato escrito en esa época.

Pero quién realmente es el artífice de que la planta fuese conocida mundialmente es Joel Roberts Poinsett, médico de formación y gran apasionado a la botánica, lo que lo llevó a tener un importantísimo invernadero en Greenville, Carolina del Sur.

Poinsett era político y entre 1825 y 1829 ejerció el cargo de embajador de los Estados Unidos en México. En uno de sus múltiples viajes por el país se encontró con esta llamativa planta de hojas rojas que llamó su atención. Recogió unos esquejes que mandó a su invernadero y a su vuelta a los EE.UU. se dedicó a su cultivo y desarrollo.

Se le ocurrió regalar esa planta a sus amistades por Navidad y así nació una entrañable tradición que cada vez fue cogiendo más fuerza. A raíz de ahí, en Norteamérica se empezó a conocer la planta con el nombre de poinsettia. En 1991 se instauró en los Estados Unidos el 12 de diciembre como Día Nacional de la Poinsettia, en conmemoración y recuerdo a la fecha en que falleció Joel Roberts Poinsett (12-12-1851).

13. ¿Por qué el tablero con el panel de mandos de un coche se llama salpicadero?

Antes de la invención del coche, los carruajes de caballos llevaban un tablero en forma de letra ele bajo los pies del conductor. Esta parte era conocida como salpicadero, ya que su función era evitar que el barro y el agua de los charcos salpicasen al conductor o su acompañante.

Cuando llegaron los primeros automóviles se les incorporó un tablero que iba desde el suelo del coche hasta la altura del volante y cuyo propósito era el mismo que el de los antiguos salpicaderos de los coches a caballo, por lo que se decidió continuar llamándolos igual.

Actualmente tienen una función fundamentalmente estética como soporte del panel de control, de los indicadores (velocidad, cuentarrevoluciones, niveles de los depósitos...), ubicación de los airbags delanteros y la guantera.

14. El humanitario invento de la guillotina

En 1789 el médico y diputado en la Asamblea Nacional, Dr. Joseph-Ignace Guillotin presentó un artefacto que servía para cortar la cabeza a los condenados a muerte.

Se había inspirado en modelos ya existentes en otros países que tenían el fallo de no realizar un corte limpio en la primera caída de la cuchilla, lo que provocaba un sufrimiento prolongado al ejecutado.

Hasta entonces en Francia se había estado utilizando el método tradicional para cortar la cabeza: un verdugo con un hacha. Pero éste se encontraba con el mismo problema anterior: hasta rebanar por completo la cabeza tenía que asestar varios hachazos.

Con este nuevo dispositivo la cuchilla caía rápidamente y la cortaba al instante, evitando así sufrimientos innecesarios y prolongados al condenado que lo único que provocaba era excitar a la muchedumbre allí reunida, ávida de espectáculos sangrientos.

15. El origen del Trivial Pursuit

Scott Abbott, un editor deportivo del diario *Canadian Press* y Chris Haney, fotógrafo de la revista *Montreal Gazette,* desarrollaron la idea un 15 diciembre de 1979 cuando estaban enfrascados en una discusión sobre quién de los dos sería mejor jugador en un juego de mesa. Convencieron a amigos, familiares y conocidos, para que invirtieran en el juego.

Dos años después su juego fue lanzado al mercado con un prototipo de 1.100 unidades que se vendieron en Canadá. En febrero de 1982 lo presentaron en la feria internacional americana del juguete de Nueva York y así lo introdujeron en Estados Unidos, donde pensaban que les resultaría relativamente fácil vender miles de juegos, aunque no consiguieron colocar más que unos cientos.

Esto no les hizo tirar la toalla y consiguieron que una pequeña compañía distribuyera su producto. El resultado fue que en 1984 el juego se hizo enormemente popular y que, sólo en ese año, se vendieran alrededor de veinte millones de ejemplares. Visto el negocio, la multinacional juguetera Parker Brothers se hizo con los derechos en 1988 (cuatro años más tarde la compañía sería absorbida por otra gran multinacional del sector, Hasbro).

En total se han vendido más de cien millones de ejemplares, en 26 países y en 17 idiomas. Hay una autentica *trivialmanía* y hoy en día podemos encontrar numerosas versiones de este juego, incluso versiones electrónicas tanto para Internet como para las más populares consolas de videojuegos.

16. ¿Cuál es el origen del baloncesto?

El canadiense James E. Naismith trabajaba como profesor de educación física en la Escuela de Entrenamiento de la Asociación Internacional de Jóvenes Cristianos (YMCA) en Massachussets. Debido al frío y mal tiempo que sufrían en invierno por la zona, el 15 de diciembre de 1891 pensó en una actividad deportiva a cubierto. Para sus clases, decidió inventarse un juego sin pensar jamás que en el futuro su invento sería considerado uno de los deportes más importantes de toda la Historia. Para ello clavó dos cestos de recolectar melocotones en los extremos opuestos de un balcón de un gimnasio y, preparando algunas reglas simples, creó el baloncesto. Fue un gran éxito entre sus estudiantes y en enero de 1892 se enviaron las reglas a las escuelas cristianas de todo Estados Unidos.

A principios del siglo XX el baloncesto ya era un deporte internacional.

17. ¿Por qué los toreros llevan coleta?

Las primeras noticias que hay de toreros con coleta, a través de ilustraciones, nos trasladan hasta finales del siglo XVIII, pero no se sabe con certeza cuándo empezaron a utilizarla como parte de los complementos y rituales de su vestimenta.

Todo parece indicar que el motivo de hacerse una coleta era para salvaguardar la nuca en caso de una caída durante el lance de la faena, pero algunas fuentes (menos) indican que era por pura comodidad, ya que en aquellos tiempos era muy habitual que los jóvenes luciesen melena; el torear con ella suelta podría ser molesto de ahí que se la recogiesen con un pañuelo o redecilla.

Bien entrados en el siglo XIX y debido a que cada vez eran menos los que se dejaban crecer el pelo, se comenzó a utilizar una coleta postiza llamada castañeta. Esta coleta era cortada cuando abandonaban el toreo y de ahí viene la expresión de «cortarse la coleta» como sinónimo de la retirada.

18. «Está criando malvas»

En el lenguaje coloquial se utiliza con frecuencia la expresión que una persona está criando malvas cuando se quiere decir que está muerto y enterrado.

Su origen viene de la facilidad con la que la planta llamada malva se adapta a todo tipo de terrenos y no requiere cuidados específicos ni un clima determinado. Su crecimiento es rápido que puede llegar a convertirse en invasiva. Aparece en cualquier tipo de lugar: solares, caminos, jardines y parques abandonados… Antiguamente era muy común verla crecer en los cementerios y sus aledaños. Y precisamente es este último lugar el que le da sentido a la frase en toda su amplitud, aunque erróneamente, ya que cuando se dice que alguien está criando malvas se hace para señalar metafóricamente que sus restos están sirviendo de abono de esta planta.

Hay que tener en cuenta que para que realmente crezca no le hace falta estar en ningún terreno abonado, por lo que de haber sido preciso no se podría explicar porque crece salvajemente en lugares insospechados, no fertilizados y sin ningún tipo de nitrógeno. En resumidas cuentas hay que pensar que, aunque utilicemos la expresión «criando malvas», hemos de tener en cuenta que los restos mortales de esa persona no están sirviendo de abono a dicha planta.

19. «Está en sus trece»

Cuando alguien es cabezón o no quiere dar su brazo a torcer, manteniéndose firme en su postura, es habitual que se utilice la expresión «está en sus trece» para referirnos a su actitud.

El origen de este dicho procede del Papa Benedicto XIII, también conocido como el *Papa Luna* que, en medio de una serie de luchas y ambiciones internas de varios países por conseguir que la sede papal volviese al Vaticano (en 1309 se había trasladado a Aviñón) fue elegido pontífice en 1394.

Su nombramiento chocaba de pleno con aquellos que reconocían a Bonifacio IX como Papa legítimo. Francia retiró el apoyo a Benedicto XIII y con ello la sede episcopal de Aviñón, por lo que el Papa Luna se trasladó a vivir al Castillo de Peñíscola y allí siguió manteniéndose en su puesto de pontífice, a pesar de recibir todo tipo de presiones para que renunciara, lo que provocó que rápidamente se comenzase a utilizar, refiriéndose a él, «sigue en sus trece». Evidentemente el trece era una clara referencia al número que acompañaba su nombre papal: XIII

Es habitual escuchar varias variantes de la expresión: «estar en sus trece», «mantenerse en sus trece», «seguir en sus trece»…

20. ¿Cuál es el origen de las tarjetas navideñas?

A pesar de que las nuevas tecnologías están haciendo que nuestras costumbres estén cambiando, algunos aún se mantienen fieles a la tradición de enviar y recibir tarjetas postales para felicitar la Navidad a sus seres queridos. Los populares *christmas* fueron inventados por *sir* Henry Cole, quien en el año 1843 encargó a John Calcott Horsley, un amigo pintor, que le dibujara y pintara una escena navideña, que luego mandaría reproducir en una imprenta, para después escribirle unos breves deseos de felicidad, firmarlas y enviarlas a los amigos y familiares.

Horsley hizo 1.000 tarjetas, pero como Cole no utilizó todas, decidió venderlas a un chelín cada una. Las tarjetas estaban grabadas y coloreadas a mano y representaban a una familia que brindaba por sus amigos ausentes (algo que sería muy criticado por los más puritanos, al entender que fomentaba la bebida). Muy pocos años después, en 1862, se empezaron a imprimir tarjetas navideñas en serie y fueron un éxito inmediato. En 1893 la costumbre recibió la sanción real cuando la reina Victoria encargó 1.000 tarjetas a una imprenta británica, universalizando para siempre esta tradición que ha evolucionado para adaptarse a los tiempos del correo electrónico y los mensajes telefónicos de texto.

Cabe destacar que en la segunda mitad de 1820 los propietarios de *El Diario de Barcelona* (conocido popularmente como *El Brusi*) decidieron imprimir unas sencillas felicitaciones navideñas y que los repartidores de este periódico repartían junto a los ejemplares, recibiendo por ello una pequeña gratificación por parte de los lectores que lo recibían. Esto sirvió para que varias décadas después otros colectivos (como los serenos, carteros o barrenderos) copiaran la iniciativa, haciéndose inmensamente popular esta práctica hasta finales de los años 70 del siglo XX.

21. El origen del crucigrama

La palabra *crucigrama* se compone de la combinación del prefijo *cruci* [cruzado] y del sufijo *grama* [trazado], o sea, trazado cruzado o palabras cruzadas.

Los primeros crucigramas en el sentido actual del término, formados por una serie de casillas que hay que rellenar a partir de unas definiciones, fueron ideados por el inglés Arthur Wynne, originario de Liverpool, aunque afincado en los Estados Unidos. Los *Word-Cross Puzzles* (rompecabezas de palabras cruzadas) aparecieron por primera vez el 21 de diciembre de 1913 en la revista *Fun,* el suplemento dominical del *New York World.* Su éxito como pasatiempo para adultos fue fulminante.

La idea se inspiraba en la tradición literaria de los acrósticos, en la Grecia clásica, poemas que en las letras iniciales de sus versos escondían nombres de personas o mensajes ocultos. Los poetas del Renacimiento y el Barroco revitalizaron esta práctica e intentaron componer el acróstico perfecto, aquel en el que todas las letras de cada palabra leídas vertical u horizontalmente indicaran otros vocablos conocidos. A partir de aquí sólo faltaba introducir los cuadros negros que permitieran más letras, cosa que hizo Arthur Wynne.

22. ¿Cuál es el origen e historia de la Lotería de Navidad?

El origen de los sorteos de la Lotería de Navidad se remonta a la época de las Cortes de Cádiz, cuando Ciriaco González Carvajal, ministro de la Cámara de Indias, pensó en ella como «un medio para aumentar los ingresos del erario público sin quebranto de los contribuyentes». El primer sorteo se celebró el 18 de diciembre de 1812.

Recibió el nombre de Lotería Moderna, para diferenciarla de la Lotería Primitiva iniciada por el Marqués de Esquilache.

El primer Sorteo de Navidad no llegó hasta el 23 de diciembre de 1892 y cinco años después esta denominación ya aparecía impresa en los boletos. El número ganador fue el 03604. Por entonces el precio del billete era de 40 reales y estaba dotado con un premio de 8.000 reales.

Desde el primer sorteo, fueron los niños del colegio de San Ildefonso (la institución más antigua de Madrid dedicada a la infancia, con más de 400 años de historia) los encargados de cantar los números, que hasta 1913 estaban impresos en papeles. A partir de esta fecha se implantó el sistema de bombos y bolas de madera que se sigue utilizando hoy.

23. El origen de los institucionales mensajes navideños

Al llegar la Navidad, los diferentes presidentes, primeros ministros, reyes, papas e incluso dictadores del mundo, ofrecen a la población su institucional mensaje navideño. Hoy en día se utilizan los múltiples canales multimedia de los que disponemos y nos llegan tanto a través de prensa escrita como por televisión, radio o internet.

Hay varios orígenes para el primer mensaje de Navidad de un mandatario, pero sobre todo son dos los que más se disputan esa *paternidad*.

Por un lado nos encontramos con que el primer mensaje de navidad fue el que dio el rey Jorge V del Reino Unido a través de la BBC Imperial Service en las navidades de 1932 y en él se dirigió a «hombres y mujeres que están tan aislados por la nieve y por los desiertos, que sólo les pueden alcanzar las voces por el aire».

Otras fuentes dan como autor del primer mensaje navideño a Franklin Delano Roosevelt, por entonces presidente de los Estados Unidos, en 1933, su primer año en la Casa Blanca. Fue en 1939, a comienzos de la Segunda Guerra Mundial, y también a cargo del presidente Roosevelt, cuando llegó el primer mensaje navideño a través de la televisión. Este mensaje no era más que un simple instrumento de propaganda gubernamental que logró ser muy efectivo. Tanto, que en poco tiempo otros mandatarios de la época, como Winston Churchill o Adolf Hitler, lo copiaron.

También hay que anotar que el primer presidente de los EE.UU. en felicitar las navidades mediante tarjetas de felicitación fue Roosevelt, aunque la primera mandataria del mundo que lo hizo fue la reina Victoria I del Reino Unido en 1893.

24. ¿Cuál es el origen de Rudolph, el reno de la nariz roja?

Bien es sabido que Santa Claus (San Nicolás o Papá Noël, en diferentes culturas) se traslada de un lugar a otro montado en su trineo tirado por nueve renos. A la cabeza va Rudolph, un curioso reno con una nariz roja luminiscente y que ilumina el camino en las noches de Navidad más oscuras. Pero no siempre el trineo de Papá Noël fue encabezado por este peculiar reno.

La primera mención al trineo tirado por nueve renos aparece en el poema «*A Visit From St. Nicholas*» (Una visita de San Nicolás), publicado anónimamente en 1823 y cuya autoría fue atribuida al profesor de la Universidad de Columbia Clement Clark Moore (aunque otros apuntan al poeta e ilustrador Henry Livingston Jr. como posible autor).

Durante muchos años, los grandes almacenes Montgomery Ward (con sede en Chicago y los primeros que instauraron la venta por correo) habían comprado y distribuido libros infantiles para colorear como regalo navideño para sus clientes. En 1939 decidieron encargar a uno de sus emplea-dos la creación de un libro para ellos, y así ahorrar dinero. Un redactor publicitario de 34 años de edad, llamado Robert L. May, escribió la historia sobre Rudolph, el reno de la nariz roja.

El cuento fue un éxito y año tras año la compañía lo regalaba a sus clientes. Hasta 1946 se habían editado un total de seis millones de ejemplares y fue en ese año cuando Robert L. May (que estaba endeudado tras los gastos médicos por la enfermedad de su esposa, que había fallecido), logró convencer a Sewell Avery, presidente de la compañía Montgomery Ward, para que le reconociera la autoría de la historia. Y así lo hizo. En 1947 se editó para su venta comercial y a partir de ahí empezó a generar derechos de autor para su creador.

Gran parte de la popularidad de Rudolph llegó a través de la canción *[Rudolph the Red-Nosed Reindeer]* compuesta en 1948 por Johnny Marks, el cuñado de Robert L. May. El tema fue grabado en 1949 por Gene Autry, uno de los cantantes de moda en aquel momento y se convirtió en todo un gran éxito, vendiéndose aquella Navidad más de dos millones de discos.

25. «No hay quinto malo»

La mayoría de las fuentes coinciden en decir que el origen del dicho «no hay quinto malo» procede del ambiente taurino; de cuando los seis toros que debían participar en una corrida no eran sorteados como ahora, sino que el orden de intervención era decidido por el ganadero.

Éste, conocedor de la plaza, los maestros que iban a lidiar y el tipo de aficionado que acudía a presenciar la faena, iba decidiendo qué astado ocupaba cada puesto en el orden de salida.

Habitualmente se empezaba con un toro de buenas condiciones; para el segundo y el cuarto puesto se dejaban los dos peores del lote, el tercero y sexto eran de una calidad intermedia y para el quinto lugar se reservaba el que se preveía que sería el que mejor espectáculo ofrecería.

Tiempo atrás, se había reservado tal honor para el último toro de la tarde, pero se decidió adelantarlo al comprobar que la mayoría de aficionados abandonaban sus localidades antes de acabar el torero su faena, antes del lance de entrar a matar y privando al torero de poder recibir las orejas o el rabo por su faena, debido a que no había suficiente público para pedirlo.

El hecho de que los aficionados se marchasen antes de acabar era debido a que muchos de ellos vivían en poblaciones alejadas del lugar donde se celebraba la corrida, así que (debido a la falta de medios de transporte motorizados) debían salir antes para llegar a sus casas antes del anochecer.

Ello originó que los ganaderos decidiesen colocar el mejor toro para el quinto lugar, así los asistentes podrían disfrutar de una buena faena (si el maestro tenía la tarde) y valorarían la calidad de sus astados.

26. ¿Cuál fue el primer largometraje de la historia?

Según consta en el Registro de Memoria del Mundo *[Memory of the World Register]* de la UNESCO, el primer largometraje de la historia rodado fue *The Story of the Kelly Gang* [La historia de la banda de Kelly], una película muda de origen australiano con una duración de poco más de una hora, que fue escrita y dirigida por Charles Tait. Su estreno fue el 26 de diciembre de 1906. Se trata de un relato de ficción sobre la vida real de un fugitivo, Ned Kelly, capturado y ejecutado en la horca 25 años antes.

Tras un largo proceso de restauración, tan sólo se conservan diez minutos.

27. El lugar del mundo donde llueve más días al año

El lugar del mundo donde llueve más días al año es el Monte Waialeale (Mount Wai'ale'ale), con un promedio anual de 350 días de lluvia y unas precipitaciones superiores a 11.000 mm por metro cuadrado.

El Monte Waialeale se encuentra en Hawaii, en pleno Océano Pacifico. Allí soplan los vientos alisios del sudeste, que son calurosos y húmedos, durante todo el año. Los vientos del sudeste se topan con el monte y son forzados a ascender. Al ascender el aire se enfría y se condensa formándose densas nubes que precipitan fuertemente en la ladera desde donde sopla el viento.

Como contraste, en la ladera contraria del monte apenas se alcanzan los 250 mm por año. Esto ocurre porque el aire, al cruzar el monte, desciende, calentándose y convirtiéndose en más seco.

28. «Poner los puntos sobre las í es»

Utilizamos esta expresión cuando nuestra intención es concretar algo clara y nítidamente, sin dejar lugar a dudas sobre la intención de nuestras palabras, queremos clarificar y puntualizar nuestra opinión minuciosamente, frecuentemente cuando ha habido un conflicto o confusión con otra parte.

El origen de poner sobre la letra i su característico punto se produjo en el siglo XVI. Por aquel entonces en la antigua caligrafía de caracteres góticos era habitual que dos letras i pudieran escribirse seguidas en una misma palabra y, para que se pudieran diferenciar de la letra u y así evitar confusiones, se introdujo la costumbre de poner encima una tilde que, con los años y la escritura rápida, acabó derivando en punto.

Esta costumbre iniciada por algunos copistas resultaba quisquillosa para otros, por eso se acuñó la expresión de poner los puntos sobre las íes para indicar que aquellos que sí que utilizaban los puntos eran minuciosos en exceso o innecesariamente perfeccionistas.

29. La doble vida de Billy Tipton

Billy Tipton (1914-1989), saxofonista y pianista reconocido en el mundo del *jazz* de los años 40 y 50, le dio una gran sorpresa al equipo médico que certificó su muerte. En aquel momento descubrieron que Billy era, en realidad, una mujer. Nacida el 29 de diciembre de 1914, fue bautizada como Dorothy Lucille Tipton. Desde muy joven adoptó su personalidad masculina y mantuvo relaciones con diferentes mujeres, llegando a casarse con una de ellas, la bailarina erótica Kitty Oakes (después de una larga relación con Betty Cox), con la que adoptó tres hijos. Billy se las ingenió para engañar tanto a Kitty como a Betty, que después de su muerte y al hacerse público el escándalo, confesaron que en ningún momento imaginaron el gran secreto del músico.

30. «Pagar el pato»

La expresión pagar el pato se suele aplicar a alguien cuando carga con las culpas o castigo de haber hecho algo siendo, en realidad, inocente.

Su origen se ubica en una expresión que utilizaba la sociedad cristiana de los siglos XVI y XVII contra el pueblo judío. Era frecuente que en aquella época se les culpara de cualquier mal que aconteciera, ya fueran responsables o no.

El pueblo hebreo solía decir que su fe se mantenía a lo largo de los siglos porque tenían un pacto con Dios. Los cristianos hacían mofa de esta afirmación y les amenazaban diciendo que «pagarían el pacto». Hay diferentes teorías sobre la forma concreta de este pago, ya que en algunos sitios se comenta que era a través de unos impuestos especiales que sólo los judíos abonaban y en cambio en otros se afirma que este pago no era real y sólo se manifestaba en la forma de amenazas con daños físicos o a sus propiedades.

En la *Biblia Castellana* de Casiodoro Reina aparece recogida dicha cita: «Como los vocablos Torá y Pacto, usados por los judíos españoles, el primero por la Ley y el segundo por el concierto de Dios, por los cuales los españoles les levantaban (les acusaban a los judíos) que tenían una Tora o becerra pintada en su sinagoga, que adoraban; y del Pacto, sacaron por refrán "aquí pagaréis el pato"».

Generalizando podríamos decir que cualquier pacto entre dos partes acaba implicando que una tercera sufra las consecuencias negativas y pague el pacto. La palabra pacto acabó derivando en pato y eliminando toda connotación religiosa a la expresión hoy en día.

31. ¿Cuándo se popularizó la tradición de tomar doce uvas en Nochevieja?

Durante el último cuarto del siglo XIX, era costumbre entre la burguesía y la clase alta del país despedir el año con uvas y champán, tras una opípara cena compuesta, normalmente, de las mejores carnes de ave y los más suculentos mariscos.

Para la población llana, el simbólico ritual de comer doce uvas en la Nochevieja era un sinónimo de buena suerte, pero no es hasta ya iniciado el siglo XX cuando se popularizó entre todas las clases sociales esta costumbre.

Ante un excedente de uva tras la vendimia del año 1909, un grupo de avispados cosecheros murcianos y alicantinos, haciendo uso de su habilidad e imaginación, animaron a la población a tomar las doce uvas para emular la envidiable y sana costumbre de los más ricos.

El plan les salió perfecto, ya que de ese modo pudieron librarse del excedente de la fruta y popularizar una costumbre que desde entonces lleva celebrándose año tras año. En la actualidad la tradición se ha extendido a varios países de Hispanomérica.

Cabe destacar que en la Nochevieja de 1882 ocurrió un hecho, aislado y que nada tuvo que ver con el origen de la tradición, que fue la presencia de un grupo de ciudadanos que a modo de protesta contra el alcalde y para burlarse de la aristocracia madrileña comieron uvas frente a la Puerta del Sol (emulando a las clases pudientes), pero ese acto no originó la tradición de comer 12 uvas a nivel popular (todos los ciudadanos) la cual no se produjo hasta 1909, tal y como indico unos párrafos más arriba.

Fuentes consultadas

Todas y cada una de las anécdotas, curiosidades e historias contenidas en este libro han sido recopiladas, apuntadas y guardadas por su autor a través de los últimos años.

Sus procedencias son de lo más diverso y muchas de las publicadas permanecían simplemente apuntadas en una hoja de papel, sin referencia alguna.

Para evitar que alguno de los datos ofrecidos pudiera ser erróneo, se han comprobado uno por uno, echando mano a innumerable fuentes de consulta con el propósito de cotejar la información y ser lo más riguroso y exacto posible.

Por este mismo motivo se han reescrito gran número de ellas, pudiendo encontrar cambios sustanciales con las entradas publicadas inicialmente en el *blog* que da nombre a este ejemplar.

El hecho de que se indiquen, por orden alfabético, las fuentes de consulta no quiere decir que necesariamente se haya extraído datos de ellas, siendo simplemente (pero de gran ayuda) un vehículo de información.

1de3.es
2.500 Anecdotes de E. Fuller
20minutos.es
5.087 *Trivia Questions & Answers* ,
   de Marsha Kranes, Steve
   Tamerius, Michael Driscoll
abc.es
abcfisioterapia.com
abcnews.go.com
About the autor de Alfred & Emily
   Glossbrenner
aemps.es

aena.es
alanflussercustom.com
Alberto Cemborain
allbidet.com
amazings.es
analizarte.es
andiquote.co.za
annien.com
answers.com
araquebelagua.com
arqueoegipto.net
artehistoria.jcyl.es

aspirina.cl
aulataurinadegranada.blogspot.com
avancenewscalifornia.com
aytociudadrodrigo.es

ballesterismo.com
Barcelofilia
Bartlett's Book of Anecdotes de
    Clifton Fadiman y André
    Bernard
belcart.com
Belén Alonso López (Iberia)
Belén Oterino Navales (AENA)
bikinibcn.com
bilbao.net
bodas.org
boe.es
books.google.es

cadenaser.com
canaldehistoria.es
cannabisymas.com
caryacademy.org
casamerica.es
cayetanogutierrez.net
Celebrem el Nadal de Amadeu
    Carbó i Martorell
César De la Prida
chakoten.dk
chanel.com
cienciaes.com
ciencianet.com
cinematismo.com
cineyletras.es
cnn.com
colipa.eu

conlamenteabierta.wordpress.com
consejo-eps.uco.es
consumer.es
coolfrenchcomics.com
corazones.org
crosswordtournament.com
crowncork.com
curistoria.blogspot.com
cvc.cervantes.es

dailymail.co.uk
defence.gov.au
delcastellano.com
demadridalcielo.org
dgt.es
dialnet.unirioja.es
diariodeunfisicoculturista.com
Diccionario de refranes, dichos y pro-
    verbios de Luís Junceda
Dictionary of Artists' Models de Jill
    Berk Jiminez y Joanna Ban-
    ham
dichosexplicados.blogspot.com
digital.library.okstate.edu
diocesisdecanarias.es
disfrutalaciencia.es
divagueando.wordpress.com
dsc.discovery.com

ec.europa.eu
ecke.com
educahistoria.com
El Refranero del Mar de José Gella
    Iturriaga
elcaballeroespanol.blogspot.com
elgrancapitan.org

elmundo.es
el-mundo.es/ladh
elpais.com
enchantedlearning.com
endesaeduca.com
enfermedades-raras.org
erasmusv.wordpress.com
es.fifa.com
es.wikipedia.org
es.wiktionary.org
etimologias.dechile.net
exploretaca.com

fcbarcelona.com
fgimello.free.fr
findagrave.com
Fisiquotidianía de Cayetano Gutié-
    rrez Pérez
fogonazos.blogspot.com
footballhistory.eslreading.org
foroazulgranablaugrana.blog-
    spot.com
frasesparalahistoria.com
fundeu.es

g7magazine.com
geeksan.com
google.es/patents
gothamgazette.com
gothamgazette.com
guardian.co.uk
guiainfantil.com
guidaconsumatore.com
guinnessworldrecords.com

Hablar bien no cuesta tanto de Pan-
    cracio Celdrán

Hablar con corrección de Pancracio
    Celdrán Gomariz
hasbro.com
Hemeroteca de *La Vanguardia*
hhmi.org
historiacocina.com
historiacocina.com
Historias de la Historia de Carlos Fisas
history.com
historylink.org
homeofthepenaltykick.com
howstuffworks.com
hoy.es
hrp.org.uk

ibarramoda.com
iberia.com
ideafinder.com
iht.com
imdb.com
infoagro.com
infobae.com
inventors.about.com
its.caltech.edu
ivic.ve

johnpasche.com
joseantoniopardellas.es
José Miguel Mulet Salort
Juan Antonio Mejía (Valdepeñas)
Juan Manuel García Bello
just-pooh.com/history.html

kirainet.com

laestanteriadearriba.blogspot.com
lainformacion.com

laloterianavidad.com
lasfrasesparahoy.com
lasprovincias.es
lecturalia.com
lee-groban.com
legendsofamerica.com
librosmaravillosos.com
lifeslittlemysteries.com
Lluís Permanyer
*Lo que a Fleming nunca le pregunta-
ron,* del Dr. Jürgen Brater
loque.ionosfera.com
madripedia.es

Marc Molins Ollé (Endesa Educa)
margarine.org.uk
marieclaire.it
marilynvossavant.com
marion.sanap.org.za
medicinajoven.com
medtempus.com
met.police.uk
microsiervos.com
miltonglaser.com
miltonglaser.com
mum.org
musicaclasicaymusicos.com
muyinteresante.es
mycelebrityskin.blogspot.com
myloc.gov

nachosierra.com
nasa.gov
nationmaster.com
nationmaster.com
nbcnewyork.com
news.bbc.co.uk

newsreview.com
nilsbejerot.se
nytimes.com

ocu.org
oldcomputers.net
olympic.org/uk
origenlenguaje.blogspot.com
oxforddictionaries.com

palaciodecanaldetudela.com
paseandohistoria.blogspot.com
peluche.blogspot.com
penguin.co.uk
perso.wanadoo.es/jcuso
pitido-inicial.blogspot.com
planetacurioso.com
polarconservation.org
porquedelascosas.blogspot.com
portal.unesco.org
portalplanetasedna.com.ar
practicopedia.com
proverbia.net
publico.es
pulsodigital.net
puntodelectura.com
pykett.org.uk

¡Que divertida es la Ciencia!
    suplemento de la revista
    Muy Interesante
Quirófano abierto de Carlos Fisas
quo.es

rae.es
rafaben.blogspot.com
ravensbrew.com

Revista Historia y Vida
rosaspage.com
rothamsted.ac.uk
rtve.es

sabercurioso.es
saberingles.com.ar
salud.com
Satie the Bohemian de Steven
    Moore Whiting
sciencefocus.com
scientificamerican.com
scouts.ca
scripophily.net
sealedair.com
serarbitro.blogspot.com
slate.com
snopes.com
solociencia.com
spartacus.schoolnet.co.uk
stellaawards.com
straightdope.com
superpatanegra.com

ted.com
teleformacion.edu.aytolacoruna.es
telegraph.co.uk
telephonetribute.com
tendencias21.net
theboatrace.org
The Desirable Body de Jon Stratton
The Ladies' Room Reader Revisited
    de Alicia Alvrez

thinkorthwim.com
todotren.com.ar
to-hawaii.com
tutiempo.net
twinstuff.com

uci.edu
Un paquete de cartas, de
    Luis Montoto
upcburjassot.es

vam.ac.uk
vaticanstate.va
vehiculoclasico.es
vexilologia.org

web.mit.edu
websters-online-dictionary.org
whycenter.com
wikilearning.com
wnbc.com
worldlingo.com
wrongdiagnosis.com
wwp.greenwichmeantime.com
www.marathonguide.com
www.moulinrouge.fr
www.olimpic.org

xatakaciencia.com
xeouradio.com

yalosabes.com

Blog de notas

Made in the USA
Columbia, SC
09 November 2020

24222178R00137